上图 / 谢光选近照

下图 / 20世纪60年代，谢光选全家合影

上图 / 1957年3月12日，谢光选（前排左二）离开724厂前与同事们合影留念

中图 / 谢光选（左三）、张钧（右三）、徐兰如（右二）等与苏联专家合影

下图 / 谢光选（左一）、刘川诗（右二）等欢送苏联专家回国

上图 / 1990年4月，谢光选（右）与航天一院党委书记沈辛荪（左）在发射现场

下图 / 谢光选（左四）在长征三号运载火箭工作现场

上图 / 2002年，谢光选（左四）返回沈阳理工大学

中图 / 2009年，“兵工校友会”向谢光选（右）赠送牌匾

下图 / 2012年，谢光选（中）参加院士团拜会

上图 / 谢光选与师生们在一起

下图 / 谢光选与航天员合影

上图 / 1985年，谢光选在航天工业部科技委第二次会议上

中图 / 谈判中的谢光选

下图 / 学习中的谢光选

上图 / 1993年4月，谢光选夫妇合影

下图 / 谢光选与儿子谢刚、孙子谢言在一起

上图 / 谢光选与儿子谢刚、女儿谢红合影

下图 / 谢光选（前排左三）与亲家吴佩珍（前排右三）全家合影

谢光选院士传记

Academician Xie Guangxuan's Biography

《中国航天院士传记丛书》总编委会 组织编写

史颜莉 著

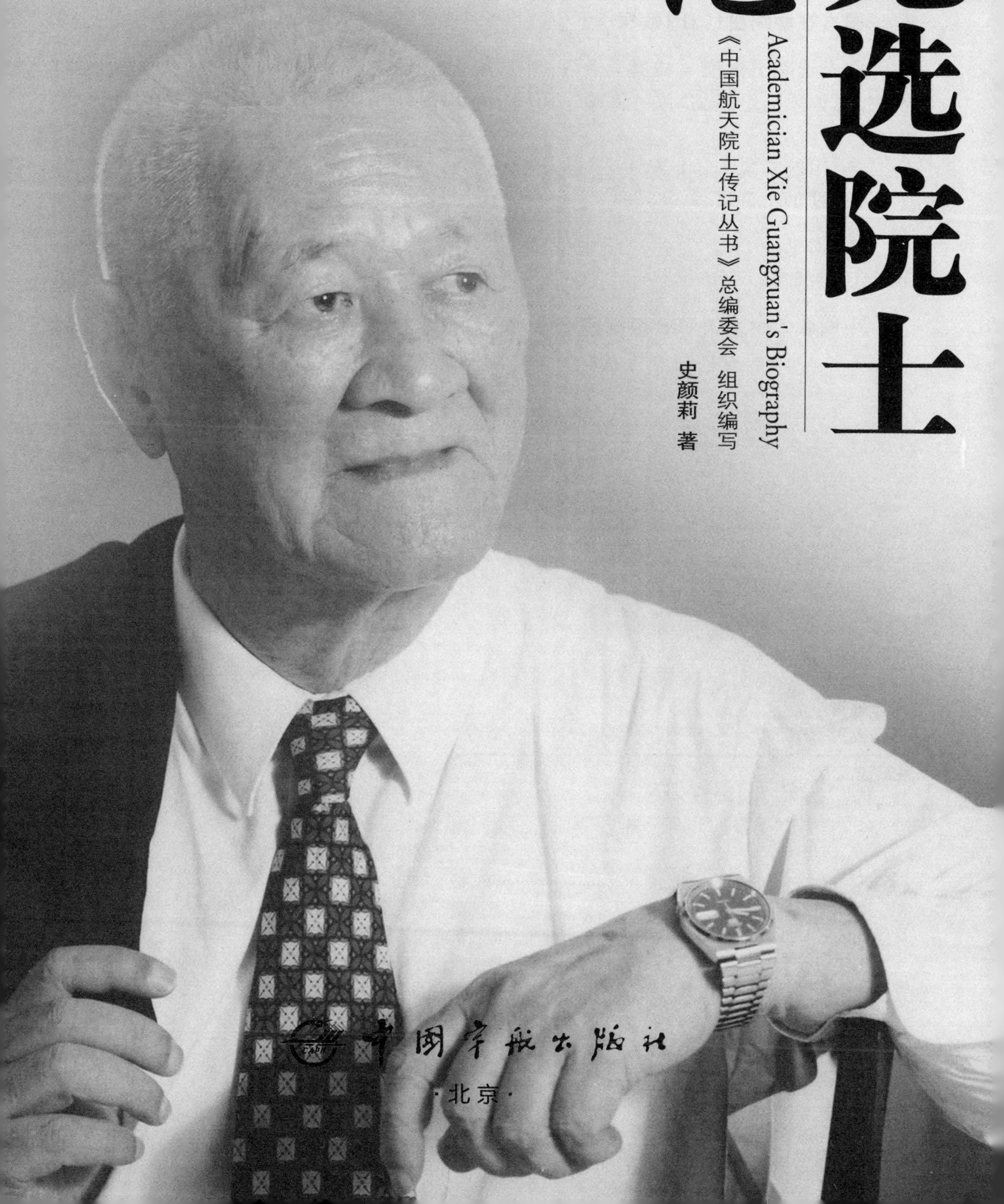

中国宇航出版社

·北京·

图书在版编目(CIP)数据

谢光选院士传记 / 史颜莉著 ;《中国航天院士传记丛书》总编委会组织编写. --北京 : 中国宇航出版社，2014.12
(中国航天院士传记丛书)
ISBN 978-7-5159-0852-6

Ⅰ. ①谢… Ⅱ. ①史… ②中… Ⅲ. ①谢光选—传记 Ⅳ. ①K826.16

中国版本图书馆 CIP 数据核字(2014)第 285669 号

责任编辑　王　妍
责任校对　牟宁宁　　**装帧设计**　文道思

出版发行　中国宇航出版社
社　址　北京市阜成路 8 号　**邮　编**　100830
(010)68768548
网　址　www.caphbook.com
经　销　新华书店
发行部　(010)68371900　(010)88530478(传真)
(010)68768541　(010)68767294(传真)
零售店　读者服务部　北京宇航文苑
(010)68371105　(010)62529336
承　印　三河市君旺印务有限公司

版　次　2015 年 1 月第 1 版
2015 年 1 月第 1 次印刷
规　格　787×960
开　本　1/16
印　张　20.25　**彩　插**　8 面
字　数　264 千字
书　号　ISBN 978-7-5159-0852-6
定　价　68.00 元

《中国航天院士传记丛书》
总编委会名单

《谢光选院士传记》
编审委员会名单

序 一
Preface I

中国航天事业自1956年创建以来，已经走过50多年的发展历程。在党中央、国务院、中央军委的亲切关怀和英明领导下，中国航天人团结一心、顽强拼搏、勇于创新、无私奉献，不仅取得了以“两弹一星”、载人航天工程和月球探测工程为代表的辉煌成就，孕育形成了航天传统精神、“两弹一星”精神和载人航天精神，也造就了一支技术精湛、作风优良的航天人才队伍。

航天系统的中国科学院院士和中国工程院院士就是这支队伍的杰出代表。中国航天科技集团公司和中国航天科工集团公司先后有50多位科学家和航天工程专家当选为两院院士。其中，有7位院士获得过“两弹一星”功勋奖章，2位院士获得过国家最高科学技术奖。他们不仅是航天成就的主要创造者，也是航天精神的重要孕育者和忠实践行者。

中国航天事业是在新中国成立不久，工业实力、科技实力、综合国力都很薄弱，帝国主义严密封锁，苏联撕毁协定、撤走专家的情况下发展起来的。以航天院士为代表的中国航天人，自力更生，艰苦奋斗，奋发图强，顽强拼搏，在一穷二白的基础上，独立自主地创建起了中国的航天事业。

航天型号研制是复杂的系统工程，涉及很多领域，需要众人参与，必须大力协同、集智攻关才能完成。以航天院士为代表的中国航天人，在航天工程研制实践中，齐心协力，密切配合，实现了一次又一次技术突破，铸造了一项又一项辉煌成就。他们为祖国的航天事业作出了巨大贡献，却淡泊名利，不计得失，将个人利益置之度外。

航天事业属于尖端技术领域，难度大、风险高、技术复杂，在发展历程中碰到过很多难题，经历过各种坎坷，甚至遭受过重大失利。以航天院士为代表的中国航天人，在困难和失败面前不动摇、不退缩，树立百折不挠、锲而不舍、脚踏实地、严谨务实的工作作风，不断攻坚克难、勇攀高峰，取得了一个又一个胜利，树立了一座又一座丰碑。

今天，在由航天大国向航天强国迈进的征程中，航天院士的科学思想、创新意识、坚定信念和爱国情怀是全体航天人宝贵的精神财富。中国航天科技集团公司和中国航天科工集团公司决定出版《中国航天院士传记丛书》，不仅是为了宣传航天院士的科研成就，总结航天院士的成长规律，更是为了传承航天院士的宝贵精神，使之生生不息、薪火相传，为“续航天梦、筑强军梦、圆中国梦”的伟大实践提供精神动力和思想源泉。

许达哲

2014 年 1 月

序　二

Preface Ⅱ

中国航天事业创建半个多世纪以来，培养和塑造了一大批功勋卓著、德高望重的中国科学院院士和中国工程院院士。他们具有坚定的理想信念和强烈的爱国情怀，理论功底深厚，技术水平高超，善于引领科学发展和技术创新，在中国航天事业发展的关键时期发挥了重要作用，为中国航天事业取得辉煌成就、孕育航天精神作出了突出贡献。

为了全面、系统地总结航天院士的成长规律，把航天院士的科学思想和创新方法记录下来、传承下去，为中国航天事业积累精神财富，为航天强国建设提供有益借鉴，中国航天科技集团公司和中国航天科工集团公司研究决定，组织编写一套《中国航天院士传记丛书》（以下简称《丛书》）。

党的十八大描绘了坚持中国特色社会主义道路、全面建成小康社会、实现中华民族伟大复兴的宏伟蓝图，同时也为加强国防和军队现代化建设、推进我国由航天大国向航天强国迈进指明了方向。在中国航天事业“续航天梦、筑强军梦、圆中国梦”的新形势下，出版这套《丛书》，具有重大的现实意义和深远的历史意义。

记载航天历史。航天院士是中国航天事业的宝贵财富，他们的成长历程反映了航天事业的发展轨迹。这套《丛书》不仅是航天院士个人的传记，也从不同侧面记载了中国航天从技术到管理、从思想到精神的真实历史。

弘扬航天文化。宣传航天院士，就是站在科学的高度，向社会各界全面宣传航天事业，弘扬航天文化，使其成为中华民族文化宝库的重要组成部分，增强中华民族的自信心、自豪感和凝聚力，提升国家的软实力。

传承航天精神。航天精神是包括航天院士在内的几代航天人，在中国航天事业发展历程中，不断积累、提炼、传承而逐渐形成的，是民族精神、时代精神与航天实践相结合的产物，是中国航天事业之魂。《丛书》全面反映了航天院士的学术成就、科学作风和思想品格，有助于航天精神薪火相传。

培育航天人才。中国航天事业已经完成了新老交替，一代航天新人正在茁壮成长。《丛书》是泽被后世的人才工程，对于培育航天人才、发展航天事业、铸造新的辉煌将产生积极的促进作用。

总之，《丛书》是一套具有航天特色的爱国主义教材，是不可多得的精神食粮。相信这套《丛书》的出版发行，必将吸引更多的年轻人热爱航天、投身航天、奉献航天，以饱满的热情和昂扬的斗志再攀高峰，使中国航天事业后继有人，蓬勃发展，续写辉煌。

2014 年 1 月

目　录
Contents

第一章

生逢乱世初长成

我们家的家训是我爷爷定下的：宁存千卷书，不置万亩田。我一直牢记，关键时刻，按照家训去做，现在看是正确的。

——谢光选

1. 诗书之家喜添丁

豫章故郡，洪州新府。星分翼轸，地接衡庐。襟三江而带五湖，控蛮荆而引瓯越。物华天宝，龙光射牛斗之墟；人杰地灵，徐孺下陈蕃之榻。

在历史名篇《滕王阁序》中，“初唐四杰”之一的年轻诗人王勃用优美的笔触描写了南昌的地理风物，其中写到——

落霞与孤鹜齐飞，秋水共长天一色。

才子名篇，写出了南昌令人流连忘返的繁华美景。

南昌，一座底蕴深厚的文化古城，一块历史悠久的风水宝地，闻名南北的军事重镇和商业繁都，更是文人墨客们豪情挥洒之地。在这里，古人曾留下了不少脍炙人口的诗词佳句——

江草江花处处鲜。

吴头楚尾，粤户闽庭。

舟车不息，商贾云集。

岁月悠悠，时光荏苒。当时光的脚步慢慢走到 19 世纪的时候，这所历史名城也步入近代，在古老的传统与开放的西化交织中，浸染了时代的神韵。20 世纪初的南昌，住着这样一户殷实人家，主人是一代儒医谢炳南。

南昌城内，谢家虽不是名门，却是地地道道的诗书之家。三代以来，谢家以中医济世为业，自谢炳南的祖父谢乔年开始，到其父谢复生，再到谢炳南，三代中医，名副其实的中医世家。这三代名医中，尤其以第二代谢复生医术最为有名，乃是南昌城里的一代儒医。以中医这个中华民族的历史瑰宝为传家之业，谢家人世代钻研，利用天人感应和阴阳论、五行论、虚实论等理论，针砭病患，造福于人。

传至谢炳南已是第三代。谢炳南，字继舟，人称浩苍老人，不仅医术高明，而且医德高尚，生平救人无数，在南昌城中颇受众人敬仰，家产自然可观。谢炳南有三个儿子，大儿子谢仁孙是清代举人，官至知县；二儿子谢云孙经营工商，先后在萍乡煤矿和南浔铁路任职；最小的儿子谢哲孙习学财经，在金融方面颇有造诣。他不仅精通中国的《算术》和《会计学》，还自学了西方的《簿记学》。他的珠算能力极高，计算得又准又快；通过学习，他将中国的钱铺子和西方的银行两个领域的知识融会贯通、合二为一。掌握了这种技能后，谢哲孙无疑对银行业务谙熟悉知。在他谋生的各个银行里，都能因技艺出众而颇受上司倚重，担任经理、主任等职务。

1908 年，谢哲孙娶妻郑寿薇。郑寿薇是县令之女，贤淑稳重，和蔼可亲，为人称道。更难得的是，这位谢夫人勤勉自律，没有小姐架子，从不对家里的帮佣呼来喝去，而是常常带着家中的帮佣们一起劳动，日出而作、日落而息，这种风范自然赢得了上上下下的尊重。家有贤妻，谢哲孙很是快慰，二人同心，相敬如宾。

1909 年，谢哲孙的长女出生。初为人父，谢哲孙兴奋异常。按照族谱排序，这一辈的孩子是“光”字辈，于是，为孩子取名谢光璧，意为璧玉、珍宝，以示珍爱。1912 年，长子出生，取名谢光迁。五年之后，谢哲孙的次子出生，取名谢光迴。名字的寓意自然是希望孩子们长大后有所作为，前途光明。

1922 年 11 月 5 日，正值深秋时节。此时的南昌，虽有寒风拂面，却在秋风萧瑟中隐含着一抹丰

谢光选的父亲谢哲孙

谢哲孙夫妇和两个孩子

收的亮丽。在这个看似平淡无奇的日子里，喜讯传出——谢家又添新丁了！

这个乍到人间的小生命是谢哲孙的第三个儿子。三度得子，无疑让为人父母者兴奋不已。几番琢磨后，谢哲孙给孩子取名为“光选”——希望这个“呱呱”坠地的新生命能走好人生路，在人生路上选择一条光明大道，选择一条与众不同的人生之路。

光选，这是一个包含了父辈殷殷期望的名字。多少年后，这也是一个让谢氏家族深感骄傲的名字，一个与兵家、与铸剑有着不解之缘的名字，一个值得中国航天人永远铭记的名字！

在谢光选之后，郑寿薇又喜诞龙鳞，取名“光进”。20 世纪 20 年代的南昌城内，谢家大院中，一家七口安详地生活着，长幼有序，父慈子孝，柴米油盐，诗书茶花……正如诗里所写——

自去自来梁上燕，相亲相近水中鸥。老妻画纸为棋局，稚子敲针作钓钩。

2. 传家祖训一技长

诗书传家，修齐治平，是中国传统文人对子孙们的殷殷期盼。

谢家是南昌城内的大户人家，以小光选的爷爷谢炳南为首，人丁兴旺，生活富足。但是，优越的物质条件并没有让老人放松对后代子孙的严格教育，谢家历来家教严格。作为一代名医，谢炳南见多识广，阅人无数，不仅凭借精湛的医术救治了许多病患，而且注重用传统精粹教育后代子孙，注重诗书传家。

几经斟酌，他立下了谢家的传家之训——

宁存千卷书，不置万亩田。

在知识与田亩之间，谢炳南教育后人，一定要注重知识的积累与技能的培养，书中天地大，人生境界高。

与“读万卷书，走万里路”的思想相通，谢炳南有着那一代人所赋有的传统观念。他教育孩子们，“广种福田，但凭心地，琴棋书画，自得其乐”，鼓励这些正在成长的娃娃们，要不重名利，读书明理，立身修命。但是读书不是白念书，不是读古文、读文学书，而是学技术，有一技之长，将来于国于家于个人都有利。

在这种思想的熏陶与引导之下，谢家子孙个个奋力读书。在谢炳南的 12 个孙子、7 个孙女中，其中有 5 位曾远赴日、法、美等国留学，日后大多成为赫赫有名的专家、学者。而谢光选的几位兄长也在国内求学，无论顺境、逆境，苦读不辍。小小的光选看在眼里，记在心上。

谢光选全家合影（从左至右：四弟谢光进、姐夫王欲为、姐姐谢光璧、母亲郑寿薇、大哥谢光迁、父亲谢哲孙、二哥谢光迴、谢光选）

在岁月静静的流逝中，小光选渐渐长大。1928 年秋，6 岁的谢光选和同龄人一起，进入了南昌经堂小学学习，开始了人生中“读千卷书”的第一步。这所学堂教授的内容广泛，授业先生在讲述儒家典籍和经典著作之外，还讲述少许佛经。在传统的“仁、义、礼、智、信”的教育中，在“出世”“入世”“济世”等理念的熏陶下，年幼的谢光选汲取着中国传统文化的精髓，渐渐地成长。

这些理念，小光选记在内心深处。一次，在一节音乐课上，小光选学会了一首旋律优美的歌曲，其中的歌词写到——

“青年乎！勿忘国家之耻乎，天下兴亡责在匹夫……”

在读书生涯的第一步，似懂非懂中，之乎者也间，小光选有了家国的理念，让他听闻了“天下兴亡、匹夫有责”的说法。

民国时期，一种叫童子军的学生组织风靡中华大地。小小的读书郎谢光选参加了学校组织的童子军。童子军的宗旨是发展儿童做事能力，养成良好习惯，使其人格高尚、常识丰富、体魄健全，成为智仁勇兼备之青年，主要训练内容包括纪律、礼节、操法、结绳、救护、炊事、露营等，训练任务可谓繁重，这种体能的训练更关乎孩子的意志与素质。对于这种训练，年幼的光选没有叫苦，反而乐在其中。一番辛苦之后，小光选在体魄与素质等方面有了很大提高。

谢光选的父亲谢哲孙在银行上班，早出晚归，风雨无阻，用薪水维持着一家七口的生活。母亲仍沿袭着千百年来中国妇女相夫教子的传统，操持家务，勤勉劳作，鼓励孩子们勤奋务实、认真读书。

3. 辗转济南为营生

人无百年好，花无百日红。人世的艰难渐渐出现在这个家族。1926 年，祖父谢炳南去世，此时的小光选只有 4 岁。在谢炳南去世后不久，谢氏家族出现了分裂的迹象。小光选自然不懂得家族的入不敷出，只是感觉，家里的大房子变成了不够大的房子，后来变成了小房子，还在一点点变小。而等到留学的姐姐哥哥们归来时，家里就显得有些拥挤了。原本生活富足的谢家，开始面临着紧迫的生活。1933 年，曾经几十口人的谢氏家族以小家为单位，各奔东西，自谋生计。

此时的中国，局部地区陷入了战争。1931 年 9 月 18 日，日本悍然，攻占沈阳的北大营。几个月的时间，东北全部陷落。1932 年 1 月 28 日，“一·二八”事变爆发，日寇的魔掌伸向了上海。

国破山河在，城春草木深。感时花溅泪，恨别鸟惊心。

正如杜甫在诗中所写，战乱频繁的年代，国破家难安。虽精通簿记之技，也在银行业有一定的名望，但在这个家国混乱的年代，谢哲孙难逃失业的厄运。面对困境，谢哲孙几番思索，决定只身北上，赶赴济南谋生。而妻子郑寿薇则带着几个孩子前往无锡，赶赴大女儿谢光璧家暂住。1934 年，郑寿薇和孩子们也赶赴济南，安居下来。

就这样，小光选跟随妈妈从南昌到无锡，又从无锡到济南，在济南五三小学和育英中学完成了小学和部分初中学业，也见识到南昌之外、另一座历史名城的古韵。

自古以来，济南就是齐鲁大地上的一座名城。但此时的济南，早已没有了礼仪之乡的安宁，被日本不断扩充、渗透，三千多日本侨民常年居住于此，并建立了自己的医院和学校。

济南五三小学旁边，一所日本小学不知什么时候建立起来了。

虽然是世事懵懂的娃娃，但在谢光选和同学们心里，都知道日本对中国的侵占与抢夺。国仇与家恨交织在一起，在这些年少的孩子们心里深深埋藏。所以，在一些因琐事引发的中日小学生冲突中，小光选和同学们从不示弱。虽然小光选个头不高、不占优势，但是山东同学却人高马大，打起群架来，总能取胜。为此，小光选格外高兴。

但是，国家大事却没有学生打架这么简单容易。几年之前，中国的东三省相继沦陷，日本在上海、南京等一系列中国经济要地，垄断经济命脉，进行经济殖民。年幼的谢光选不理解为什么。有一次，他好奇地询问爸爸："我们小孩打架总是能打过日本人，你们大人怎么老是打不过，怎么回事？"面对这么简单直白的问题，谢哲孙没有回避，而是将现实的无奈与惨烈直言相告："中国太穷了，没有钱，造不出洋枪洋炮，武器不够先进，日本人有机关枪……中国根本无法与日本侵略者抗争……"

这样的回答，小光选并没有全懂。但随着年龄慢慢增长，面对战争的威胁，面对自己的家庭因日寇兵临城下而被迫东躲西藏、隐忍度日，小光选渐渐懂了。

他懂得了，只有打败这些侵略者，自己的家庭才能不再四处漂泊，只有赶走这些入侵者，自己和家人才有一如既往的父慈子孝、温馨满堂。而驱除外侮，需要的是实力，是中国的强大……虽然不懂得家国天下的大道理，但在他的心里，埋下了保护家园的种子。

1937 年 7 月 7 日，日本挑起"七・七"事变，发动了全面侵华战争。不久，灾难降临山东，济南沦陷。面对困境，谢哲孙毅然决定：绝不留在敌占区，带领家人返回老家。

谢光选告别一起读书的同学们，匆匆上路——南昌，我们回来了！

4. 读书却在乱世中

此时的南昌已气氛迥然，早已没有了往日的安闲与静谧。南昌城头，笼罩着战争的阴影。街上的行人来去匆匆，恐惧的氛围在南昌城内到处弥漫。

谢光选看到，自小生长的南昌城上空，蓝天白云间，日本侵略者的飞机整天在低空盘旋，侦察机、轰炸机的轰鸣时时传入耳畔，飞机不时扔下恐怖的炸弹。看着被炸弹追逐驱赶的人群，看着房舍民宅被炸成断壁残垣，谢光选心里的激愤难以言表……不理解日本人为什么要这么作恶多端，但驱除鞑虏的念头再一次深深地印在谢光选的心里。

即使这样，日子还要过下去。谢哲孙经过思考后认为，孩子的学习是大事，耽误不得。在父母的安排下，谢光选在南昌二中上学，又一次捧起课本。后来，他转到宜春读中学，在这里，他遇到了富有责任心的好老师。

老师们注意到，由于多次转学，谢光选的一些知识点是空白，这对于知识体系的掌握显然不利。于是，热心的老师在课后找到谢光选，提出单独为他补课。这让谢光选很是感动。当他再捧起课本时，发现原本并不感兴趣的书本忽然变得蛮有吸引力。老师充满爱心的关怀，一点点培育着谢光选对学习的热情。不知不觉间，学得有滋有味、不知倦怠；不知不觉间，读书成为一件快乐的事情。

15岁的谢光选

谢光选在宜春中学读书的时间并不长，但这一段补课时光，让原本对读书兴趣不大的谢光选发生了转变，在不知不觉中对学习产生了兴趣，开始由贪玩儿变为喜欢读书了。这成为谢光选奋发努力学习的萌芽，他的人生轨迹也由此发生了截然不同的变化。

自谢炳南开始，谢家就把孩子的教育看做头等大事。谢光选的父母也不例外。虽然没有采取孟母三迁的做法，但谢哲孙夫妇认为，鼓励孩子外出求学是培养孩子成才的有效办法。

在谢家，多年来一直有一个惯例，但凡男孩到了 14 岁，就要背上行囊，带上简单的衣物，到外地打拼、求学，等到有所成就时再返回家门。虽然没有上一辈执行得那么严格，但谢光选的几个堂哥先后离家求学，都享受了这种“待遇”。到了谢光选这里，也不例外。

几番思索后，谢哲孙夫妇决定，让大儿子谢光迁带着两个弟弟到重庆求学。那里是陪都，与抗日前线相比，相对安定、安全；那里更有名校名师与博学硕儒，更适合孩子们的求学与成长。

于是，16 岁的谢光选和 13 岁的谢光进听从父命，跟着长兄，离开了故土南昌，奔赴异地，自立求学！

在真正要分开之时，父母和孩子们的心里都不免有些忧伤。

慈母手中线，游子身上衣。临行密密缝，意恐迟迟归。

临行前，慈祥的母亲为兄弟三人收拾好衣物，一遍遍叮嘱：三个人好好保重，长兄好好照顾弟弟，弟弟尊重兄长、好好读书，不能虚度年华，争取有所作为……

一遍遍的叮嘱，一句句的深情。在依依惜别之中，谢光选和弟弟跟随着长兄，离开了父母，踏上了求学之旅……

谢光选

谢光选院士传记

Academician Xie Guangxuan's Biography

第二章

科技救国少年志

我在学校读的是英文原版书，还能去工厂实习，只要掌握知识，还可以不去上课。兵工学校的做法真好！掌握了技能，我就能为国效力，早点打跑日本人！

——谢光选

1. 半工半读学技能

少年智则国智，少年富则国富，少年强则国强，少年独立则国独立，少年自由则国自由，少年进步则国进步……

梁启超在《少年中国说》一文中，提到了少年对于国家的重要意义。在这位先哲看来，读书趁少年，立志当少年。谢光选恰是如此。

有志于学的谢光选兄弟三人离开家乡南昌，一路辗转，到达重庆。大哥谢光迁找了一份工作，早出晚归，挣得一些薪水，供养两个弟弟读书。看着兄长劳碌的身影，谢光选心里时常闪现一句话：长兄如父！

16 岁的谢光选进入了重庆明诚中学读书。

明诚中学始建于 1904 年，由于是教会学校，一直秉承着天主教学校“真善美圣”的教育理念，把“明理明德昭事天，诚心诚意以待人”当作办学精神，教育莘莘学子学会读书与做人。明诚学校聘有外籍教师，有的课程直接用外语讲授。为适应这种学习氛围，谢光选努力学习，英语水平快速提高。在这里，谢光选更是系统地接触了数学、物理、化学等现代科学的基础课程。相对于文学与历史等课程，他感觉，这些课程更是他的兴趣所在。

出人意料的是，在学习兴趣正浓时，谢光选又面临着生活上的窘迫。哥哥的工作只能换取非常微薄的收入，兄弟三人的生活费用捉襟见肘，更谈不上交付昂贵的学费了。

但是，不管生活如何窘迫，父母殷殷的期望与谢家世代的家训，一直萦绕在兄弟三人心间。

经过认真思考，兄弟三人下定决心：还是要读书！再穷也要将书读下去，再苦也要坚持到底！

于是，在别的孩子懵懵懂懂、无所适从的时期，谢光选开始自己寻找出路，四处探寻适合自己的学校。

山重水复疑无路，柳暗花明又一村。经过苦苦找寻，谢光选打听到了一所中央职业学校。这所学校坐落于重庆沙坪坝，可以让没钱上正规学校的孩子边学习、边劳动，每个月还能有十几元的收入。收入虽然并不多，属于半工半读的性质，但对于生活窘迫的谢光选而言，无疑是一个充满诱惑的选择。

入校之初，谢光选选择了电讯专业。在这里，他学会了多种技能，比如钳工、锻工、铸造、制图等，在这些方面，谢光选由门外汉成为行家里手，动手能力得到了极大的锻炼。

伴随着实践能力的提升，谢光选对知识的渴求也与日俱增。学校并没有过多地教授系统的理论知识，谢光选就潜心钻研，拿起书本自学，碰到疑难问题就四处求教，力求把书本上的知识与工程、工艺实践相结合。每当解决了一个难题，谢光选的心里就充满了小小的喜悦。随着喜悦的次数渐渐增多，谢光选的理论水平与实践技能有了突飞猛进的提高。此时，在他的心目中，著名铁路专家詹天佑成为他的偶像——成为像詹天佑那样的工程技术专家，实干兴国，成为谢光选的梦想。

中央职业学校注重学生实际技能的培养，但缺乏系统的理论知识教育，止步于“知其然”——知道是什么，却不能解决“知其所以然”——知道为什么。这显然不能满足谢光选旺盛的求知欲望。

恰好此时，姐姐谢光璧和姐夫王欲为教授来到了重庆。在为家人的团聚而欢庆之余，谢光选拿出种种疑难问题，求教于这位曾留学美国的姐夫。老成持重的王教授为谢光选强烈的求知欲所感动，给他提出了一个稳妥的建议——离开中央职校，去青木关读中学。他告诉谢光选，零星地求知并不能从根本上解决所有的技术难题，不经过系统完整的专业教育，很难成为高级技能人才；重新走进学校，认真读书，考取专门的学校进行深造，这样能使理论知识与实践结合得更紧密，不会出现只知其一不知其二的情况，这才是成才的“王道”。

这些发自肺腑的话语，让谢光选陷入了深深的思考。1939 年，谢光选按照姐夫的建议，来到了青木关，继续中学学业的学习。

2. 读书深造选兵工

远离战火硝烟，陪都重庆对当时的学子而言，无疑是读书的一方宝地。更难得的是，当时的青木关中学隶属于教育部，能以贷款的方式资助贫困学生读书，在学生有能力时再予以偿还。这种相对方便的交费方式，让谢光选能有更多的时间去筹措学费。于是，谢光选向亲友求助，借钱上学。利用课余时间，谢光选勤工俭学，上街拉洋车，用辛勤的劳动换取学费和生活费。

青木关中学位于沙坪坝区青木关镇新青路 315 号，附近缙云山脉逶迤南北。校园内不仅环境幽静，绿树葱茏，更重要的是教师的授课内容系统完整，理论结合实际。一些课本直接采用国外原版教材，或以英语授课，这对学生的英语水平提出了极高的要求。面对来之不易的求学机会，谢光选珍惜在学校的时光，抓紧时间，专注学习。

然而此时的中国，正陷入日寇入侵的水深火热之中。日本侵华的铁蹄在中华大地上肆虐……

宁可离乡背井，不做亡国之奴！

在南昌面临失陷的情况下，父亲谢哲孙辞掉了工作，携妻带子，辗转来到重庆。在战火纷飞的年代里，几经离散的一家人在偏安一隅的陪都再次团聚。谢光选见到久别的父母，心里既是重逢的惊喜，又是感慨万千……

到达重庆后，谢哲孙在国民政府兵工署第十兵工厂任出纳员。战事连连，物价飞涨，一家人的生活并未出现好转，在拮据的状态中勉强度日。

种种磨难没有让年少的谢光选消沉，相反，他渐渐褪去青涩与懵懂，成长为一名性格坚毅、不怕苦难的少年。内心深处，谢光选慢慢萌发了保护家庭的责任感：长大了，我用自己的本领去保护亲人，维护这个家。

中学时代的谢光选

在家训的熏陶下，经过几年的磨砺，谢光选养成了热心助人和不求名利的性格。

谢光选喜欢游泳，和许多小伙伴一样，他经常来到不远的嘉陵江游弋一番。一个阴雨天，像往常一样，谢光选来到嘉陵江边准备下水。因为天气原因，这一天来游泳的人很少。在做准备活动时，谢光选忽然看到，不远的江面上，颠簸的风浪里，一个黑影时隐时现，一只手臂在不停地晃动。

谢光选敏锐地感觉：有人落水了！

没有丝毫犹豫，他立即跳入江中，拼命向黑影游去……

雨中的江面上，一位精疲力竭的少女已无力呼喊，无助地随着江水的沉浮挥舞着手臂……见到有人游来，少女的第一反应就是本能地死死抓住，这让谢光选很是犯难。他知道这种被死死抓住的结果就是两个人同归于尽。情急之中，谢光选没有乱了分寸。他先掰开少女紧紧抱住自己的双手，而后推着她向岸边游去……

经过一阵拍打，得救的少女渐渐清醒。原来，她水性一般，突遇风浪，一下子无所适从，险些丧命……

扶送少女回家时，谢光选见到了她的父亲，一位国民党高官。这位高官对谢光选感激不尽。在茶饭招待之后，他提出，可以为谢光选办一件事情，甚至可以是一件大事。出乎他意料之外的是，谢光选轻轻摇头，默默离去……

1942年秋，谢光选完成了高中学业。想想“宁存千卷书，不置万亩田”的家训，看看堂兄、堂姐们大学深造或出国留学的经历，谢光选决心继续深造，报考大学。

谢光选报考了三所大学，分别是远在云南的西南联大、近在重庆的民国最高学府——中央大学，以及重庆兵工学校大学部。经过考试，谢光选以优异的成绩，被这三所大学同时录取。乍听喜讯，一家人兴奋无比，可面对三所大学先后寄来的录取通知书，谢光选和家人陷入了深深的沉思……

三所大学，各有所长，该何去何从呢?

西南联大，远在昆明，路途遥远，不是上佳之选！中央大学航空系，是谢光选最看重的学府和向往已久的专业领域，可学费高昂，超出家庭承受的范围。另外，在那里上学的国民党高干子弟比较多，上下学车接车送，生活奢侈豪华——显然，这些都与谢光选诗书之家的勤俭淡泊之风格格不入。

而重庆兵工学校则全部公费，免费发放昂贵的英文原版课本和讲义，每个月还有几十元的津贴，这对于家庭条件困窘的谢光选来讲，无疑具有足够的吸引力。在这所学校学习有一个附加条件，就是要填写保证书，毕业后三年内须在指定单位工作。对此，谢光选并不介意。此时的中国，与日本交战，正处于僵持与焦灼状态，学成报国，为国尽力，恰是谢光选的志愿所在。

此外，虽然是同样的录取，在中央大学，谢光选的成绩排在前列，而在兵工学校，录取的名次却较低。两相比较，很显然，在谢光选看来，兵工学校的学生素质要高于中央大学的学生。一个答案在他心里渐渐清晰。1942 年 11 月，谢光选成为重庆兵工学校第九期的学员。

辗转乱世求学，立志科技救国。谢光选渐渐成长，有了自己的见解。入学不久，谢光选的父亲谢哲孙病重去世。这位在战乱中奔波求生的中年人，一直因穷困潦倒而心情抑郁，忧思成疾，撒手人寰。

谢光选悲痛万分。他懂得父亲的悲愤，内心深处更增加了对日本侵略者的憎恨之情。宵小敌寇，入侵华夏，作恶多端，罪行昭彰。他坚信，总有一天，中国人会把这些外来入侵者驱逐出国门，让他们永难再犯！总有一天，中国会堂堂正正地成为大国，有能力抵御外侮，保家卫国！

3. 名校名师重实践

重庆兵工学校是国民政府兵工署主办的一所学校，其设立的目的明确：一为铸就兵工技术之最高学府，二为探讨大军战略的唯一殿堂。

这个颇具特色的办学宗旨深深吸引了谢光选。

重庆兵工学校位于沙坪坝和磁器口一带，简称为“沙磁区”，距离重庆城区约二三十千米。抗战期间，有10所学校迁入，加上原来的多个学校，沙磁区迅速成为高等教育中心。众多知名学者和教授云集此地，这里成为中国西部的文化中心。1942年11月，20岁的谢光选步入这所学术殿堂，在这里度过了他人生中忙碌、紧张而又乐在其中的四年多的大学生活。

谢光选所在的第九期学员分为两批，分别在11月和12月参加军训。名为军事训练，但管理并不是十分严格，伐树木、拉木头、修场地占用了大半的军训时光。闲暇之余，谢光选和同学们一起组织了一个社团，利用业余时间排演话剧，上演了老舍先生的《国家之上》等有名的剧目。

谢光选选择的是重庆兵工学校大学部兵器制造系（简称“造兵系”）——这个学校的重点院系。课程的设计是精心安排的。前四个学期，造兵系设置的课程包括大学物理、大学化学、微积分和微分方程、应用力学、材料力学、机械学、电机工程、金属材料、金工实习、德文等，意在为学生打下扎实的知识功底。基础课教员大部分是兼职，少部分为专职。兼职老师由兵工厂的工程师、主任和研究人员担任，不仅功底扎实，而且教学经验丰富。

师者，所以传道授业解惑也。各个专业的顶尖人才在重庆兵工学校云集，他们为学子们讲授国外现状、国际最新的理论与知识，讲授国内的局面及复兴之策。当时的锅炉压力大，不能使用并不成熟的焊接技术，而要用密封铆钉铆，这项工艺只有英国的工人才能做。但是，老师们把这些技能详细地传授给了同学们。在这里，谢光选和同学们如鱼得水，恣意遨游在知识的海洋里……

在众多老师中，给谢光选印象最深的是丁观海、陆志鸿和张述祖三位先生。

丁观海先生是世界弹性理论权威专家铁木辛柯的学生，曾留学美国。他在重庆大学担任教授，夫人王隽英任教于四川省立教育学院。两人育有一子。后来，一家三口移居台湾，丁观海先生出任台湾大学校长，而他的儿子丁肇中以美籍华裔科学家的身份获得诺贝尔物理学奖。丁先生家学渊源，书香传家，夫妻俱高知，父子皆大家。

抗战时期，在重庆大学任职之余，丁观海先生被重庆兵工学校聘来教授一门崭新的课程——弹性理论。理论上，丁教授把所有的东西都看成是弹性体。如果用盖房子来打比方，按照这个理论，这个房子就是摆动的；如果拿桥梁作例子，一个非常结实的桥梁，汽车一跑上去，桥梁就会震动。

这是造兵系的重点课程。老师讲得认真，谢光选听得仔细。而且，这种与众不同的新奇理论一下子便吸引了年轻的谢光选。这些内容，他都牢牢地铭记在脑海里。因缘际会，在日后从事导弹研制中，这些内容得到了有效应用，取得了意想不到的良好效果。

陆志鸿先生早年留学日本，在东京帝国大学工学部研究金属采矿，以第一名的成绩毕业。回国后，曾在中央大学任土木系教授。抗战爆发后，陆志鸿先生率队将实验室的仪器设备和图书运到重庆，而后重建实验室，供大专院校做实验，同时协助工业部门和兵工厂做材料与产品试验。谢光选读书期间，陆志鸿先生被学校聘来教授金相学，为大家讲授金属材料的组织结构。这门学科让谢光选增长了见识，开阔了视野。

教弹道学的老师是张述祖先生，学贯中西，才华不凡，后来成为我国著名的弹道学专家。

张述祖，湖南人，早年毕业于中央大学，曾经在德国留学，在柏林大学物理研究所师从著名物理学家、诺贝尔奖得主纳恩斯特，获得物理学博士学位。“九一八”事变后，张述祖先生萌发了立志报国的思想，改学军事科学，进入了柏林工业大学工程物理研究所，在德国著名的弹道学家克朗兹门下学习，从事内外弹道方面的研究并获得导弹学博士学位。解放后，他协助陈赓将军创办了“哈军工”，即中国人民解放军军事工程学院，担任弹道系主任。

这样的专家为学子们授课，使大家都很振奋。但是在听课中，却遇到了一些不能忽视的问题。由于张述祖先生是湖南人，讲课时口音很重，习惯用湘音授课，同时喜欢在文中夹杂着英语、德语、法语。他的板书也一样，汉字之外，忽而英文，忽而德文，忽而法文。这种教学风格让年轻的学子们一时摸不着头脑，感觉张老师仿佛是位道士在画符，写的都是大家不认识的“天书”，于是背地里偷偷给他起了个外号——“张天师”。

在这位用四种语言讲课与板书的学者面前，谢光选感到自己擅长的英语失去了优势，上课的效果自然不尽如人意。在一次无意的阅读中，他找到一本德文版的《弹道学》，发现这本书的内容与张老师上课的内容一致，于是他选择了自学，从图书馆借来这本书，自己刻苦钻研。这种做法是符合学校规定的——学生可以不去上课，但要参加并通过这门课程的考试。谢光选选择了自学，没再去听课，但参加考试是不可避免的。

那次弹道学考试一共五道题。题目不多，但难度不低，层次分明。考试前，张老师明确地告诉学生："前三道题大部分学生都能做出来；第四道题，做出来的学生可以拿到优或良，如果第五道题也能做出来，那就是高才生了。"

在其他同学苦思冥想之际，谢光选笔走龙蛇，很快完成了全部题目，提前交卷。

在老师的赞扬声中，在同学们羡慕的眼神中，谢光选没有沾沾自喜，这次"小显身手"让他体会到了自学的乐趣，更喜欢这种自己钻研的学习方式。

4. 如鱼得水成书痴

重庆兵工学校不仅选聘老师有独到之处，而且学风也较为开放，鼓励学生自学。学校当时名属军队、需要军事化管理，但教官们并不注重森严的纪律，看到学生们忙于功课，往往乐意提供方便。只要得到教官许可，学生们就可以自行外出。在这里，谢光选感受到，学校的培养目标是像美国一样，培养学生的自学能力。经过思考，谢光选决定，要不遗余力地扩大知识面，同时追求最新的学科知识，培养自己的自学能力。

在学校，谢光选接触到的基础课程大多是英文课本，少数德文课本。对于德文课本，一般是先翻译成中文而后授课。而学校又有个要求——两年之内，每周学生必须用四个小时学习德文，以便能够自行阅读参考书。在这种高难度的语言要求下，谢光选和其他同学一样，不仅通晓英文，还对德文、俄文等均有涉猎。这种课程设置和教学模式让学子们在大学就形成了学以致用的良好习惯，通过多语种阅读，开阔了视野。

1946年，谢光选（左）和弟弟谢光进（右）合影

在硬件设施方面，重庆兵工学校也有值得称道的地方。除了图书馆、理化馆、陈列馆和实验室以外，学校还能为学生提供去兵工署的工厂、弹道研究所、材料试验场等处实习的机会，在工厂里接触到成品的枪支弹药，践行理论、获得经验。由于工厂的很多专家均在学校兼课，师生了解颇多，故而实习起来大多会提供方便。寒暑假期间，学生们拿着学校的公函或介绍信就可以直接前往实习，还有专人指导，碰到问题相互讨论。甚至遇熟识的学长和老师还会一起进餐——对谢光选这些学子而言，无论是理论知识、实际操作，还是人际交流，都在此期间逐步积累，学识益广，见识益增，同门益亲……

重庆兵工学校有一个规模完备的印刷所。学生平时学习所用的课本，例如，《枪炮构造及理论》《金属材料》《金属组织》和《高等应用力学》等，都是在这里铅印的。由印刷所铅印的课本，不仅本校能用，还能供给中央大学航空系和机械系的学生使用，起到了很好的学术交流作用。比起其他学校学生之间抢书、借书、多人共用一书的情形，谢光选和他的同学们感到一种简单的幸福——有书，真好！在这里，谢光选如鱼得水，学习更加勤奋刻苦。他给自己定下了“雷打不动”的规矩：早上 5 点起床自学，晚上不到 11 点不就寝，就连星期天也不休息，总是在图书馆看书学习。他在重庆兵工学校学习期间，不断总结学习方法，不遗余力地扩充知识结构，提高知识层次，增强自学能力，广泛涉猎，为自己补充新知识。他曾用一年多的时间，通读了 12 卷英文版《大不列颠机械百科全书》。虽然没有仔仔细细地全部看完，但却熟知了工业知识是由各种学科的知识拼合和协调起来的，这样的认识为他以后的工作生涯打下了良好基础。

看到谢光选这种书呆子的劲头儿，同学们跟他开玩笑，叫他“书迷”“书痴”，谢光选听了，一笑了之。1946 年年底，谢光选提前参加了兵工学校的毕业考试。此次考试一共进行了五天，考了十门课，分别是电工学、工业簿记、工厂管理、化学兵器、工厂建筑、造船学大意、航空学大意、摄影学、军事训练和特别讲义。谢光选一一顺利通过。

就这样，在同学们还在继续捧读课本的时候，好学的“书痴”已经结束了大学学习，以优异的成绩提前半年毕业。

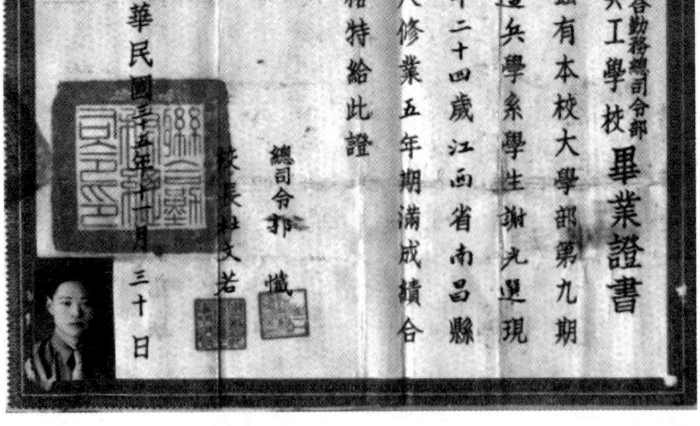
聯合勤務總司令部
兵工學校畢業證書
茲有本校大學部第九期
造兵學系學生謝光選現
年二十四歲江西省南昌縣
人修業五年期滿成績合
格特給此證
總司令 郭 懺
校長 杜文若
中華民國三十五年十一月三十日
印花

谢光选重庆兵工学校毕业证书

2009年，“兵工校友会”向谢光选（右）赠送牌匾

经历了四年多的大学生活，谢光选已经成长为一名有志气、有才干的青年。牢固的文化基础，深层的文化内涵，丰富的实践技能，都给谢光选以后的工作打下了坚实的基础。

重庆兵工学校独特的教学方式和自由的校风，让学生们乐于学习、学有成效、能人辈出。谢光选同一年级的郭燮贤，后来成为中国科学院大连化学物理研究所研究员，1980 年当选为中国科学院学部委员（院士）。而之前毕业的学长徐兰如则成为谢光选一辈子的同事。在学校担任过助教、讲师的任新民，1940 年从重庆兵工学校大学部毕业，留校任教，之后赴美留学，回国后从事导弹、火箭研制工作，是谢光选终身尊敬的老师。

国民党退居台湾后，培育出众多人才的重庆兵工学校迁往台湾，改名为“中正理工大学”，2000 年并入“国防大学”。2009 年 10 月，台湾“国防大学”派人到北京，专门探望了航天专家谢光选，以“兵工校友会”的名义向谢光选赠送了一块牌匾，上面写着四个烫金大字：校友之光。

谢光选

谢光选院士传记

Academician Xie Guangxuan's Biography

第三章

十年兵工展才能

我在兵工厂里呆得挺好，七人小组造火箭弹，工作很忙，也有点小成绩，还成了家，有了孩子。沈阳这十年，我挺难忘的。

——谢光选

1. 工厂里面大教员

1947年1月，冰雪未消，大地寒冻。

未满25岁的谢光选走出大学这个知识的殿堂，满怀科技救国之志，即将走上工作岗位。他把目光投向全国的兵工行业。

按照学校规定，毕业生应在军校或军工企业工作三年。当时，同一届的学生中，许多人都赶赴南京担任教官，并踊跃申请赴美接受野战勤务训练，成为武器修造者。谢光选也随行其中并参加了考试。但在内心深处，他并不乐意成为教官，不想远赴美国，更不想成为武器修造者。科技救国的思想深深地扎根在他的内心深处，学到这么多知识，谢光选强烈希望能到兵工厂去，亲手造出真枪实弹。维修武器，岂是我辈所为；亲手制造，才是志向所在！

于是，在参加考试时，谢光选耍了个小小的“花招”。考试中，谢光选故意将卷面做得较差，成绩大概只有五六十分，排名一下子落在后面。体检时，谢光选又把一个铜钱贴身放在肺部附近，结果X片一照，片子上有一个阴影，被怀疑是肺病，有传染的可能性。于是，谢光选顺利“落选”。

在同学们赶赴美国或在南京进入高校时，谢光选辗转前往东北，来到沈阳九零兵工厂第一分厂。

沈阳九零兵工厂是一个知名的兵工制造厂。

1936 年的沈阳，倭匪横行。1936 年 4 月，日本关东军在沈阳北郊建造工厂，1939 年 12 月正式建成投产，1941 年，员工增加至 6000 余人。1944 年 7 月，开始制造飞机发动机零件，同时进行炮弹制造和战车修理。1945 年 8 月 15 日，日本无条件投降，该厂也随之停产，95% 的生产设备被苏联红军作为战利品运走或炸毁，仅剩下不足 500 台的破旧设备。

1946 年 12 月 1 日，兵工厂正式改名为兵工署第九零工厂文官屯分厂。该工厂生产能力十分有限，半年时间仅能改装 40 辆装甲车。1947 年 1 月，九零兵工厂开始扩充人员。恰在此时，谢光选来到了这个声名在外的工厂。

此时，谢光选主要从事炮弹生产工作，从见习技术员干起，先后担任主管设计员、主任工程师等，直到十年后离开沈阳。在这里，他勤勤恳恳，积累了丰富的经验和知识，锻炼了才干，为他后来从事导弹和运载火箭研制工作打下了坚实基础。

此时的中国，虽然已经取得抗日战争的胜利，但国民党统治摇摇欲坠，岌岌可危。1948 年 9 月 12 日，辽沈战役打响。中国人民解放军东北野战军横扫整个东北战场，沈阳城内，人心浮动，众说纷纭。

此时的谢光选，目睹且厌恶国民党的腐败和无能，他经常和几个密友纵论国家大事，畅谈对时局的看法和共产党的政策。兵临城下之际，是走，是留？谢光选有些举棋不定。

这时，厂长陈修和与总工程师高庆春召集大家开会，对谢光选等技术人员亮出了他们中共地下党员的身份。陈修和坦诚地说："我哥哥是陈毅，我是不会走的，我劝大家也不要走。"谢光选知道，陈毅是共产党的著名将领之一，没想到这位著名人物还是工厂的"亲戚"，于是，他们选择留下来，安心工作。

1948 年 11 月，沈阳解放。九零兵工厂被解放军军事接管，军代表进驻该厂。经历几次改换名称后，1951 年 6 月 30 日，九零兵工厂厂名定为中央兵工总局第 724 厂，隶属于重工业部中央兵工总局和东北兵工局。此时，谢光选担任工程师室主管技术员。

沈阳的工业经过战争创伤，问题百出。就兵工厂而言，不仅时常断电，机器设备也经常出现故障。见到这种情况，上级领导决定，在工厂开展技术干部培养，请谢光选担任教员，在厂内开一个补习班，专门教工人识图。

这个决定让谢光选既高兴又担心。高兴的是这种培训恰逢其时，确有必要；担心的是自己多年苦读，一直是学生，对教学比较陌生，没有经验。开始时，谢光选按照学校老师的套路，手拿美国教材给工人上课，可半天下来，工人们根本不知所云。

怎么办?

经过仔细思考，谢光选认为，这种教学方法过于理论化，不直观，不生动，对知识有限的工人而言，有些内容不容易接受。于是，他干脆直接拿实物给工人们展示。比如，在“投影”这个问题上，他告诉工人，看得见的用实线表示，看不见的用虚线表示，这就是投影。简单明了的说法，使工人们恍然大悟——原来如此啊!

受这种培训方法的启发，谢光选研究出一种崭新的“模型教学法”。他告诉大家，要学会用泥巴做模型，他画什么，就让工人们跟着做什么。泥巴容易捏，模型很快就做出来了，简单迅速，直观有效。工人们兴趣高涨，课堂上气氛活跃，学习质量与速度都有大幅提高。就这样，谢光选在培训班教了一年多识图。

前后两种方法，截然不同的效果，使谢光选受益匪浅。他认识到，注重教学与培训的实用性，用最简单直观的方式解释问题，才是最有效的。

谢光选不仅在工厂当教员，还参加了东北兵工学校的授课。1950 年，沈阳新成立了东北兵工专门学校，谢光选受聘在学校教授机械设计课程。在沿用兵工厂实用性强的教学方法之外，谢光选还采用了“层级教学法”，即先挑选出一些数学比较好的人来教，这些人学会后再去教其他人……这样一层层传授下去，每一层都在学习后把自身的知识融会贯通，而后传授给下一层人员，并解答各种问题。在层层的“传帮带”中，每一层人员都挖掘了自身的学习与教学潜力，既巩固了知识，也锻炼了技能。

不久，谢光选顺利完成了教学任务，回到厂里。

鉴于这段教学经历，东北兵工专门学校，即后来的沈阳理工大学，把谢光

2002年，谢光选（左四）返回沈阳理工大学

选认作自己的校友，2002年聘请他担任名誉校长，以纪念这段传道授业的岁月……

这期间还发生过几件有意思的事情。一次，谢光选在一个仓库里发现很多印着英文的箱子，仔细一看，原来是美军的野战口粮，是此前援助国民党部队的物资。于是，他找来一辆大卡车将箱子运回工厂。经过请示，他把这些口粮分给大家。口粮分早中晚三种，有荤有素，搭配合理，早餐盒里还搭配有香烟……机缘巧合，谢光选让大家享受了几天美餐！

兵工生产，安全第一，这是谢光选一直恪守的原则，而这种恪守通过实际工作证明，是非常有必要的。一天，厂里有人发现，在某处有一批炮弹，经观察分析，确定是日本人留下的。大家围着炮弹议论纷纷，不知道这批炮弹能否正常发射。一名小战士很好奇，想发射一枚试试。

谢光选从人群中站了出来。经过仔细检查，他感觉这些炮弹似乎有问题，应该无法正常发射。于是，他告诉这名小战士："不行，这些炮弹有问题，不能发射，会有危险的。"

好奇的小战士很固执，坚持要动手发射一枚。无奈之下，谢光选给这名小战士出了个主意——不要近距离手动发射，用一根绳子牵引进行"远程"发射，其他人躲在远处观看，这样既能保证人身安全，又能验证炮弹能否发射。

当所有人员都躲进水泥掩体之后，小战士一拉绳子，炮弹当场在炮膛里爆炸了，在场的人都惊呆了！

小战士真是后怕啊，但同时对谢光选的感激之情溢于言表。后来，这名小战士找到谢光选，硬塞给他一个东西，说是报答救命之恩。谢光选一看，是一只熊掌。初次见到熊掌，谢光选很好奇，实在推托不掉，便索性收下。生平第一次吃到这种不可多得的美味，谢光选的心里美滋滋的……

2. 炮弹设计研制忙

1949 年冬，严寒的东北滴水成冰。

此时，724 厂接到生产任务——要在 1950 年年底前制造出 8000 发 120 迫击炮弹。为此，工厂迅速组织技术骨干，开始设计生产。谢光选负责设计，另有同事在水压机车间负责挤压钢制弹体。在设计中，谢光选遇到了螺旋装药等难题，经过日夜加班、反复研究，成功攻克了这个难关，将 TNT 炸药快速压入炮弹壳体内。这种技术改进，使 120 迫击炮弹的生产任务得以顺利完成。

工厂的设计人员和生产人员鼓足干劲，在任务交付之际，生产出 12000 发炮弹，超额完成了任务。按照当时的价格，如果从苏联购买，每一发炮弹要花费 300 多元，而国内工厂生产的成本还不到 70 元，两相比较，节省了大量经费。为此，谢光选和同事们得到上级嘉奖。

这是谢光选炮弹研制生涯的第一步。在随后的系列工作中，谢光选以好学勤勉的态度和刻苦钻研的精神，攻克了许多技术难题，取得了一次又一次成功。

1950年6月25日，朝鲜战争爆发。9月15日，以美军为首的“联合国军”在仁川登陆，之后快速向中朝边境推进。10月19日，应朝鲜政府请求，中国政府派出中国人民志愿军入朝作战，打击美国侵略者。抗美援朝战场，美军武器先进，坦克装甲是100毫米厚的钢板，普通的步枪和小炮弹根本打不进去。要打掉一辆坦克，志愿军需付出伤亡一个班的代价。要想在战场上赢得主动，就必须设计出具有杀伤力的武器——制造反坦克火箭弹，增强装备，势在必行！任务落在724厂头上，落在谢光选和同事们身上。

火箭弹是一种依靠发动机推进的非制导性武器，可以从远处进行攻击，杀伤力大，能够破坏敌方的工事和武器装备。单兵使用的时候，火箭弹轻便灵活，是有效的近程反坦克武器。

为圆满完成任务，上级迅速调配人员，组成了火箭弹研究“七人小组”——包括吕去病、徐兰如、李乃暨、谢光选等，在厂长的直接领导下，开始火箭弹的设计与研制。“七人小组”由吕去病任组长，徐兰如任副组长。无巧不成书，吕去病、徐兰如、

谢光选（左二）、徐兰如（左三）和兵工厂的同事一起研究工作

李乃暨和谢光选均毕业于重庆兵工学校。昔日的学长，而今的同事，异地相聚，一起研究，那种亲切感，不言而喻。

因任务紧急，“七人小组”成立后，上级每个星期都会两次派人到厂里检查并督促进度。小组成员知道事情的轻重，都认真工作，刻苦钻研。

经过努力，724 厂火箭弹小组总共研制成五种火箭弹和五种火箭炮。五种火箭弹是：4 英寸火箭弹系列、135 式 90 毫米火箭破甲弹、241 式 90 毫米火箭破甲弹、427 式 102 毫米炮兵火箭榴弹和 488 式 102 毫米炮兵火箭榴弹。为了配合这五种火箭弹的发射，又先后研制了五种火箭炮:A 火箭炮、B 火箭炮、506 式 6 管火箭排炮、12 管火箭排炮、单管火箭炮。

在上级下达的生产任务中，4 英寸火箭弹系列分为三种，A1 为破甲弹，A2 为破垒弹，A3 为杀伤榴弹。谢光选具体负责 A3 火箭弹发射筒的设计和 506 式火箭排炮的设计。A3 火箭弹射程为 4000 米，试射成功后定名为 427 式火箭弹，后来又经过改进，增加药量后，射程增大了一倍，定名为 488 式火箭弹。506 式 6 管火箭排炮是为登岛作战而设计的适合船载的火箭炮，因为线膛火炮后坐力太大，不能放在临时征召的普通民船上使用。按照上级要求，设计、制造出多管火箭炮，轻巧灵便，可以拆开由人背或畜力驮运。

488 式火箭弹和 506 式火箭排炮后来经过改进，在朝鲜战场和一江山岛战役、越南奠边府战役中都发挥了很大作用。

在研制和生产过程中，发生了几起固体推进剂爆炸事故。“七人小组”立即投入故障分析，认为引起爆炸的主要原因是燃烧室压力过低，药柱没有加安定剂，导致燃烧不正常，喷射的火焰不稳定，活动式尾翼也没法保证火箭弹的稳定飞行。针对故障原因，“七人小组”修改了设计方案，在推进剂中增加了安定剂和软化剂，控制压制过程的温度，得到稳定燃烧的推进剂。同时，还将尾翼改成倾斜式多喷管，改善了射击精度，设计出旋转稳定式的固体火箭弹。修改设计后的火箭弹产量很大，1950 年生产了 17000 发。

在设计火箭弹之外，谢光选的肩头还负有其他炮弹设计任务。

1951 年，工厂开始研制反坦克火箭破甲弹，代号 241。这种火箭弹重 4 千克，弹头口径 90 毫米，直射距离 150 米，能射穿 120 毫米厚的钢板，近者可以把一辆坦克打穿，远者可以打美军阵地，其性能接近美式 90 反坦克火箭弹。该火箭弹威力大，飞行稳定，射击精度高，而且容易加工，适合批量生产。发射筒的重量相当于一支步枪，可以装备到班级。

在此基础上，利用喷气推进等原理，谢光选和同事们研制出了第二代产品：241 式 90 单喷孔火箭破甲弹和 51 式 90 火箭发射筒，将其弹体改进为挤压成型，生产效率得到提高。1951 年 9 月，火箭弹试验成功，随之而来的是批量生产。谢光选和同事们日夜加班，到年底生产出了 20 万发，圆满完成了任务。

用这种武器装备部队，大大提升了军队的装备水平。据当时的《前线报》报道，在朝鲜云山县的一次战役中，241 式火箭破甲弹击中一辆美军中型坦克，弹头从反面击穿钢甲和炮塔，穿孔深度分别为 133 毫米和 120 毫米。

为此，火箭弹研究小组受到兵工局一等奖的嘉奖；包括谢光选在内的 20 人获二等奖；200 余人获三等奖。

在此期间，谢光选还参与了爆破筒和炮榴弹的设计。爆破筒是用于炸毁坦克和碉堡的武器。炮榴弹是在炸药包外面装一个钢壳，在下面装上迫击炮的发射装置，然后发射出去。由于炸药包在外面，炮榴弹飞行距离不太远，大概一两千米。但由于装载的炸药多，威力大，让美军吃了不少苦头。由于炮榴弹体积大，飞行速度低，美军看到又不知何物飞来，十分紧张，还没明白过来时，炮榴弹爆炸，造成敌方人员伤亡。和火箭筒一样，这种炮榴弹在朝鲜战场上也发挥了很大威力。

此外，谢光选还和同事一起研制出 A5 火箭弹，与苏联“卡秋莎”火箭弹一样大，口径 203 毫米，在战场上同样威力巨大。

1952 年，兵工厂人才聚集，任务饱满，生产规模逐步扩大，生产能力渐渐提升，能设计、生产出火箭炮、排炮、迫击炮、反坦克火箭、爆破筒、弹头、引信等 21 个品种的武器，成为国家兵工企业中的翘楚。

3. 创新能人当劳模

从 1953 年开始，724 厂对技术进行了改造。下半年，中央兵工总局给 724 厂下达了试制、生产仿苏 38 式 122 毫米榴弹炮用榴弹以及配套引信任务。随之而来的是苏联提供全套产品图纸、工艺技术资料和机器设备，以及来自苏联的专家。

按照苏联成熟经验，工厂建立了制式化产品检验合格制度，建立了军代表验收军工产品制度。从此，工厂走上了产品制式化生产道路。

此时，谢光选已是 724 厂工程师、设计科主任工程师，从事 122 榴弹的制式化和批生产工作。制造炮弹需要将火药放到炮弹里，先将 TNT 熔化成液体后再装入弹壳，直至冷却成固体再进入下道工序，但是 TNT 的熔点有 80 多度，整个冷却过程不仅费时，而且还影响炮弹质量，没办法解决灌装进去的炸药在冷却后的缩孔问题。

谢光选找来一个苏制炮弹，仔细研究其制作方法。结果发现，苏联是用螺旋杆直接把炸药压进去的，这种方法需要十分注意安全问题，要防止炸药爆炸。

这种办法能不能适当地改进一下呢？谢光选开始思考。他组织一些人，制作了一个螺旋装药机，将 TNT 加热到 80 度，成半熔塑状，再用螺旋杆把炸药直接压进去，并形成流水线生产。这种技术经过改进，优点很多，比如：把未完全熔化的 TNT 炸药以螺旋杆压入炮弹，安全可靠，性能稳定；把机械、土建、化工、电器集于一体，形成生产线，生产质量与速度得到大幅提升，24 小时内能生产炮弹 2400 发，大大提高了生产效率。

谢光选荣获沈阳市劳动模范证书

谢光选荣获724厂先进工作者荣誉称号

这种创新，让谢光选及其团队获得了国家发明创造奖，谢光选也被评为沈阳市第一届劳动模范，光荣地出席了劳模大会。自此之后，这种方法被全国许多兵工厂纷纷借鉴。

这时工厂的技术作风比较松散，安全制度不健全、不规范。在炮弹制造过程中，常常在炸药粉清理不够干净的情况下就开始装配，一不小心就会发生爆炸事故。为了安全生产，谢光选制定了必要的防护措施，要求大家按照操作规则有序工作，做到工序明确、先后有秩，防止事故发生，提高了生产的安全性。

谢光选在设备安全设施上还积极思考，防患于未然。他设计了车间水泥钢筋安全防护墙、轻型屋顶、喷水灭火及送排风系统等一整套相关防护安全设施。

谢光选善于在工作中发现问题，积极思考，找出办法解决问题。他思路开阔，常常能有创新之举：建立制度，健全设施，双重保障，相辅相成。

不仅谢光选如此，他身边的同事也被带动得热情高涨、积极思考，为工厂建言献策。1956年11月，

724厂工程师于克敏等人搞技术创新，将弹体毛坯外径缩小、内膛放大，一年就为厂里节约钢材470吨，折合人民币40多万元。1957年12月23日，724厂氧气钢瓶试制成功，质量基本达到国际同类产品标准，填补了我国的一项空白。

由于724厂的重要贡献，党和国家领导人先后多次来厂视察。一次，刘少奇副主席到724厂参观TNT装药生产线，为了保证绝对安全，谢光选和同事们就把TNT炸药换成了同样颜色的红糖。刘少奇走后，车间就把这个“糖心炮弹”送给了谢光选，让他和家人足足吃了几个月……

一分耕耘，一分收获。1956年年底，谢光选成为五级工程师。

2002年，阔别几十年的谢光选一身荣耀地回到沈阳724厂，他看到，当年他采用的螺旋装药法依然在使用中……

2002年，谢光选在原兵工厂门前留影

4. 喜结良缘为人父

在沈阳 724 厂，谢光选褪去年少的青涩，逐步走向成熟。工作上，他凭借精专的知识与聪明才智取得了一系列的成绩，在感情世界里，他也被命运所眷顾，结识了一位聪慧的姑娘……

由于一次偶然的事故，谢光选和几位同事住进了医院。为他们打针的护士中，有一位文雅的年轻女子。虽然说话温柔、言语不多，但是在谢光选看来，她的“业务能力”极强——打针的时候，准确、迅速，动作轻盈，让人在还没有感到怎么疼痛的时候，针已经打完了。

这么扎实的技术，谢光选感到很是佩服，不禁多看了她几眼，结果发现这位姑娘无论气质还是相貌，都与众不同。而且，她还有一个颇为秀气的名字：吉珍谦。

来自辽宁省海城县的吉珍谦，满族正黄旗，毕业于日本同善堂高级助产学院。自小生活在医术世家，家中姐妹七人，吉珍谦排行第四。良好的职业道德与善良的本性让她非常理解病者的疾苦，于是练就了一手准确、轻灵、一针到位、快捷迅速的打针手法。

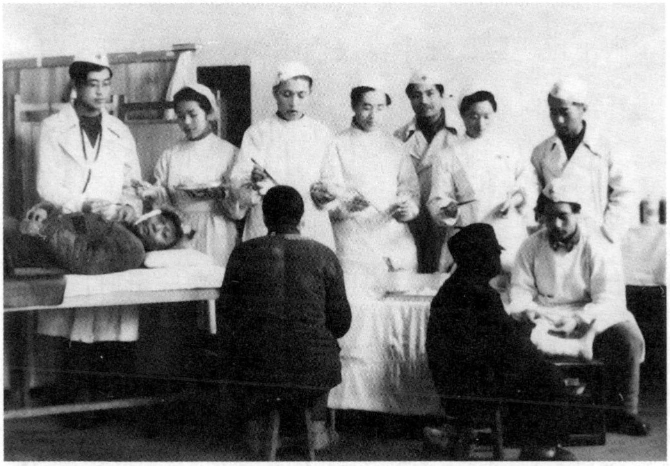

工作中的吉珍谦（后排左二）

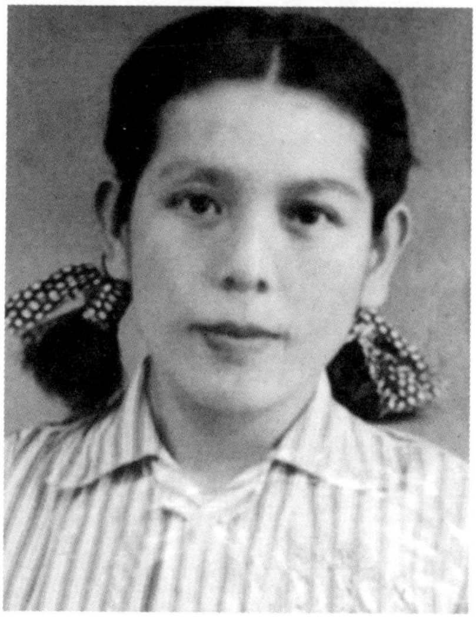

年轻时的吉珍谦

漂亮的相貌，温柔的性格，精湛的技艺，使吉珍谦很快受到了厂里单身汉们的青睐。几乎每天下午下班的时候，厂卫生室的门口都有一些等候吉珍谦下班的人。虽然年龄有大有小，条件各不相同，但是大家的目的都是一致的：期待着这位好姑娘青睐自己。

看到自己心动的姑娘被大家如此爱慕，谢光选越发觉得自己的选择是正确的。于是，以往与卫生室素无交集的谢光选开始时不时地光顾医务室，一来二去，与吉珍谦渐渐熟识。

但是，熟识是熟识了，厂子这么大，追求吉珍谦的人又这么多，自己怎么才能脱颖而出呢？谢光选又开动脑筋，并迅速想出了一个办法。

通过节衣缩食，谢光选省下一笔“巨资”，购买了一个“大物件”——一辆自行车。骑着自行车，在吉珍谦下班之际，在单身汉们跟随在女士身后、没话找话搭讪的时候，谢光选飞速赶到，对略显窘困的吉珍谦说：“小吉，快，上我的车，我带你走！”

吉珍谦一直不乐意在自己身边出现多人围追的局面，谢光选的出现无疑让她有了解脱的办法，于是飞身上车。在众人艳羡的目光中，谢光选用自行车带着年轻的姑娘飞驰而去。

吉珍谦越来越多地把目光投向了这位朴素无华、有思想、有头脑的青年人。相对于身边家境良好的仰慕者，吉珍谦觉得，谢光选有见识、有主意、肯想办法，和别人就是不一样。

和吉珍谦在一起，谢光选觉得踏实而幸福，心情格外舒畅；和谢光选在一起，吉珍谦也觉得充实、愉快，心里充满了希望……

渐渐地，两个人无话不谈……

渐渐地，两个人心心相印。

1948 年 8 月 15 日，谢光选和吉珍谦步入了婚姻的殿堂。当天，不少亲朋好友纷纷前来帮忙、道喜……

没有过多的物质追求，没有过多的语言纹饰，谢光选夫妇用自己简单朴素的经历向人们证明着属于他们的爱情——一种相互尊重、互为支撑的爱情，一种彼此信任而相敬如宾的爱情。这爱情里，不仅有淳朴而稳固的温情和依赖，更有天长地久的朴素和坚贞！

1949 年 5 月 14 日，谢光选的第一个孩子出生了。初为人父的谢光选欣喜若狂，为这个小生命取名：谢书毅。按照谢家的名字排辈——光、书、礼、义，谢光选的下一辈为“书”字辈，故取名书毅，是想让后代儿男改变上一辈略显瘦弱的气息，多一些阳刚与坚毅。

谢光选夫妇和长子谢书毅

有一天，谢光选问妻子："你知道我最想做的事是什么吗？"妻子吉珍谦笑了："我知道，你最想制造精良的武器，振兴中华民族。"谢光选也笑了，心里满是欣慰。聪明的妻子是懂他的，他没有选错人……

是的，吉珍谦深深地了解谢光选，了解这个热血青年朴实的面孔下一颗活跃的心！了解这位工程师苦苦钻研的志向和工作上敢于创新的胆识！这些，不需要过多的言语描述，吉珍谦看在眼里、记在心上，想方设法当好贤内助。当谢光选在科研工作中没日没夜地加班时，她毫无怨言；当家庭的重担落在她一个人身上时，她毅然承担起这一切，默默地成为丈夫坚强的后盾。

1952 年 6 月，谢光选的第二个儿子出生了，本想取名谢书刚，但觉得三个字太麻烦，索性就叫谢刚。看着两个都需要照顾的孩子，夫妻俩一合计，大的送幼儿园全托，小的请个阿姨照顾。于是，谢书毅住进了幼儿园，而谢刚则由一位细心的王阿姨照顾。

谢光选因工作忙，常常不在家，而妻子则在谢刚出生不久，就考取了一所医学院上学进修。从小时候起，在谢刚的记忆里，阿姨就是家里的主事，是照顾他们最多的亲人。而每次出差，谢光选也会托付厂里的师傅们，抽空去看看家里，关照一下孩子。

一次，谢光选出差在外，家里只剩下谢刚和阿姨在家。一天中午，当谢光选托付的师傅敲开谢光选家的房门，看到王阿姨倒在地上，4 岁的谢刚趴在阿姨身上，使劲地拽她，嚷嚷着饿，要吃东西。师傅伸手一试，发现阿姨已经去世了……

回到家里，听说这事，谢光选冷汗都下来了。料理好阿姨的后事之后，谢光选仔细琢磨了一下。尽管他想多一些时间照顾孩子，但还是没有充足的时间，所以，谢光选又请了一位阿姨照顾孩子。在她的照料下，谢刚健康地成长。

谢光选夫妇和次子谢刚

有一次，谢光选到北京出差，给妻子买了一件漂亮毛衣，蓝色白花，文雅秀气，很是时髦。可买回来一段日子，总也不见妻子穿，一问，原来妻子舍不得穿。谢光选气乐了："你不穿，那我不是白买了吗？"

妻子回答："这么好的衣服，等过年过节再穿，或者家里来客人再穿吧。"

谢光选无奈地摇摇头，但他并没有就此罢休。等到下一次去北京出差，他花了一个月工资，在上次买衣服的同一个商场，同样的款式、同样的颜色，给妻子买了六件毛衣。回到家后，他把衣服递给妻子，略带得意地说："这回你舍得穿了吧！"

看着一模一样的六件毛衣，吉珍谦的心里说不出是什么滋味："你这人，真是……"

在略略生气之余，吉珍谦心里更多的是欣慰，更有无法言表的幸福与甜蜜……

谢光选

谢光选院士传记

Academician Xie Guangxuan's Biography

第四章

机缘巧合入航天

在兵工厂的时候，我不用那么卖力学习，因为用的都是学过的专业知识。但是搞导弹了，知道得太少了，只能努力学，不能总当外行或者“新兵”啊！

——谢光选

1. 兵工厂里不速客

20 世纪 50 年代，共和国初建，百废待兴。

位于东北沈阳的兵工厂里，年届而立之年的谢光选家庭稳定，工作安心。然而不久，一件偶然的事情，使他的人生轨迹发生了意想不到的变化。

因为享誉在外，兵工厂时常有前来参观的人员，其中不乏高级干部和专家。1956 年年初，厂里来了一位身穿便衣、头戴皮帽的中年男子，另有几位陪同人员。

这位中年人提出，要到生产车间去看一看。不巧的是，兵工厂的厂长和书记都不在，无奈之际，谢光选临时负责接待。曾经多次带领外来人员参观的谢光选和往常一样，轻松而平和地领着来访者四处观看。

然而，没想到的是，他们提出要到关键场所——炮弹车间去参观。略有意外之余，谢光选还是带着他们来到了这个生产重地。这时，有人顺手点燃了一支香烟，谢光选见到，立即制止："同志，这里不准抽烟。"

车间里有炮弹，属于禁烟场所，不允许有烟火，否则就是极大的安全隐患。谢光选这一举动看似不留情面，但却是遵循安全生产规定的必要行为。抽烟者什么也没说，马上把香烟熄灭了。这一幕都被中年人看在眼里。

随后，中年人询问了工厂的研制生产情况以及火箭弹性能等。谢光选马上警觉起来，严肃地回答：“对不起，你提出的这些问题，是保密问题，没有组织的批准，我不能告诉你。”

面对此情，一位陪同人员连忙说：“这是陈赓大将，你回答他的问题吧！”

谢光选坚持拨通了工厂办公室的电话询问，对方明确告诉他，可以向陈赓大将汇报研制生产情况，谢光选这才放下心来，开始详细而认真地讲解炮弹的性能及参数等。

这位身着便装的神秘领导——陈赓大将，提出了许多问题，其中涉及生产环节、机器设备、人员素质等。他问得全面彻底，谢光选答得认真仔细，讲解炮弹在现代化战争中的威力，条理清晰。陈赓轻轻颔首，十分满意。

参观结束时，大家说到了当前威力巨大的武器。谢光选提到了德国在 20 世纪 40 年代制造的 V-2 导弹，虽然没有见过导弹实体，但他大致了解这种导弹的特点：“从目前情况来看，德国在第二次世界大战时期发展的 V-2 导弹是一种不可抗拒的武器。”

“不可抗拒”这个词让陈赓很吃惊，他追问，什么叫不可抗拒？谢光选回答道：“我想打你，你跑也跑不掉，你无法拒绝，也无法抵抗，这就叫不可抗拒。”

从发射到三五分钟之后到达目的地，导弹的快速与威力强大，是行业外人员无法了解的。从国家的角度，谢光选建议说：“我们也应该发展这样的武器。”

陈赓大将一直在认真聆听，时而若有所思，时而频频点头。他拿出一个笔记本，记下了谢光选的名字，而后问道：“像你这样的技术人员，724 厂还有多少？”“20 多人。”谢光选回答。

陈赓大将立即在小本子上写下了其余人的名字。之后，他告诉谢光选：“准备到北京工作吧！”

孰料，眼前这位年轻的技术人员却回答得特别干脆：“我不去！”

谢光选的想法很简单。厂里一直待自己不薄，工作上很是受尊重，工资达到了 250 元，属于高工资了。而且，这里还是他和妻子相遇、相知、相恋的地方，于情于理，谢光选都不大情愿离开。

陈赓大将这一次没有那么客气了。他不留情面地把这位个性鲜明的犟书生“训”了足有十几分钟，并一再强调：“下级要服从上级，要服从中央……”

谢光选哑口无言了，是啊，应该服从上级……割舍下心里的诸多不情愿，谢光选大声回答：“我服从组织决定。”

陈赓大将点点头。

然而办理调动的过程小有曲折。中组部先后发了 10 多份公函，面对前几次公函，兵工厂的厂长没有立即执行，舍不得让谢光选走。而不久，1957 年 3 月，这位厂长找到谢光选说：

“老谢，你快走吧，一个星期内报到，你不报到我就要被撤职了。”

谢光选一时没反应过来：

“一个星期，怎么能忙完呢？搬家，买车票，找谁，去什么单位？”

厂长也是一脸无辜：

1957年3月12日，谢光选（前排左二）离开724厂前与同事们合影留念

“我也不清楚，但我接到命令，一个星期你不报到，我就要下台了。”

于是，在厂里同事的帮助下，搬家、买票等事情迅速完成。临走之前，一些平日关系要好的同事与谢光选合影留念。照片里，十几个青年人或坐或立，年轻而淳朴的面庞上或微笑或严肃……

一个晴朗的日子，迎着三月的春风，谢光选带着全家人——贤惠的妻子和两个可爱的儿子，踏上了前往北京的火车……

虽然离开了沈阳，但是，兵工厂却深深留在谢光选的记忆里，成为其永难忘记的一段经历。十年光阴，倏忽即逝。在这十年时间里，谢光选先后获得一等奖 4 次、二等奖 3 次、东北兵工总局奖励 1 次，还被评为沈阳市劳动模范。在这里，他从一个稚气未脱的学生成长为一名工程师；在这里，他从“孤家寡人”成为四口之家的户主；在这里，他钻研了固体推进剂、爆炸计算理论等知识，并有了实际的接触，积累了宝贵的实践经验。

2. 迈步从头学航天

前往北京的路上，谢光选的心里有一些迷惑——在这个陌生的都市里，自己将从事怎样的工作？能否适应、干好？这次转折，对自己和家人而言，会意味着什么？

带着些许茫然，怀揣一些憧憬，谢光选和家人走下了火车。没想到，谢光选一眼便看到了一张熟悉的面孔——他熟识的老师，任新民先生！

早在重庆兵工学校读书时，任先生执教《机械构造学》，他时而在堂上授课，时而在自习时辅导大家，颇受谢光选尊敬。而今，师生相聚，异地重逢，谢光选喜不自禁。

在任新民的带领下，谢光选走进了国防部第五研究院（简称国防部五院），这是个新成立的尖端科技单位。几天之后，谢光选了解到，自己将要从事的行业是导弹与火箭。

此时，我国在导弹与火箭研制领域，尚属空白。在一无所有的基础上研制出自己国家的一代国防利器，将是谢光选今后要长期努力的方向，是他将要为之奋斗终生的领域。而导弹和火箭，二者关系非常紧密。同样是复杂的巨系统，同样要经过设计、研试生产等流程，二者的主要区别就在于有没有弹头。运载火箭如果顶端装上弹头，则立即变身为威力巨大的国防利器。

中国是古代火箭的故乡。“火箭”这个词，对中国人来说并不陌生。三国时代，就有了“火箭”，即带火的弓箭——在弓箭前部绑有油松、艾草一类的易燃物，点燃后，用弓、弩发射出去，攻击敌人。在火药发明之后，就出现了以火药作为推力的喷气推进火箭。

宋初，公元969年前后，冯继升、岳义方、唐福等人试制了原始的火箭，这是世界上最早的火箭。明末，火箭的种类繁多，有虎头盾牌、一窝蜂、神火飞鸦、飞空砂筒、火龙出水等。在13世纪，中国的火药和火箭传入阿拉伯国家，而后又传入欧洲，对西方的文明和进步产生了重大影响。

19世纪末、20世纪初，在欧美科学家的推动下，现代火箭技术有了重大进展。从星际航行理论奠基人齐奥尔科夫斯基到液体火箭的创始人戈达德，从欧洲航天的先驱者奥伯特到火箭的缔造者冯·布劳恩，再到载人航天之路的开创人科罗廖夫，在苏、意、英、美、法，尤其是德国的推动下，火箭领域从理论研究转入工程研制，制造出了导弹和运载火箭。1942年10月，德国成功发射了世界上第一枚弹道导弹。1957年10月4日，苏联成功发射了世界上第一颗人造地球卫星。

中国，火箭技术曾一度遥遥领先；如今，火箭故乡，反倒落在了其他国家的后面。迎头赶上，为时不晚。卫国铸剑，大业开启！

1956年10月，国防部五院成立，钱学森担任院长。正是在这种大背景下，谢光选被陈赓大将选中，从沈阳调往北京，从事导弹与火箭研制工作。

1957年3月，谢光选赶赴国防部五院报到，被分配到总设计师室。此时的国防部五院共有十个研究室，总设计师室是其中最关键、最重要的部门之一。很快，谢光选和同事们熟识起来。他看到，陆陆续续到来的同事，大多是某专业的专家或学者，或相关领域的带头人。而对于院长钱学森，谢光选更是敬佩有加，这位在美国已然功成名就的科学家不仅专业精深，更有深入浅出的表达能力，以及很高的个人素养，学者魅力十足！

谢光选心里有谱了——在钱学森这位领军人物的率领下，在这么多精英人才的共同努力下，创建国防大业、研制国防利器，此其时也！

国防部五院成立之初，设立于466医院。此时的中国，真正见过导弹的不过寥寥数人，了解它的则更少，只有钱学森掌握的最多。为了提高大家的技能水平，钱学森编写了《导弹概论》手稿，并亲自讲授，普及基本知识。同时，钱学森拟订了学习计划，包括空气动力学、发动机、弹体结构、自动控制、电子线路、计算机等，邀请任新民、梁守槃、朱正等专家给大家讲课。谢光选一边参加这些培训，一边坚持自学。

谢光选深知，导弹这个“大家伙”不仅身高、力猛、威力大，而且制造不易，是多种专业技术的复合体，犹如犬牙交错，十分复杂。积累了十年的兵工知识并不能满足工作需要，谢光选感到，自己需要紧急“补养”。

于是，谢光选捧起了书本，开始勤学苦读。他先通读了《导弹设计原理》，而后以《宇航工程手册》为索引，钻研了许多科目，诸如陀螺力学、控制论、可靠性数学、张量和矩阵、统计力学、二相流和热传递的新进展、微机应用等。在他看来，这些都是总体设计者必须具备的知识。

孔子曰：知之者不如好之者，好之者不如乐之者。

在学习方面，兴趣是最好的老师。善于自学又乐在其中的谢光选就是一个很好的例子。不了解这个领域不可怕，从头迈步，自学钻研，一样可以有所作为！

一段时间之后，谢光选对导弹、火箭的构造、原理及相关知识，从理论到实践，都有了一个质的飞跃，从“外行”转入了“内行”，从陌生转为熟悉而亲切。

3.P-1导弹反设计

接触导弹之初，谢光选最早参加的工作是测绘苏制 P-1 导弹，并进行“反设计”。

P-1 导弹在苏联早已退役，来到中国并非一帆风顺。国际上最早的导弹是德国研制出来的 V-2 型号，在这个基础上，美、苏两国各自研制了自己的导弹。苏联仿制德国 V-2 导弹，研制出代号为 P-1 导弹，随后加大科研力度，研制出 P-2、P-3、P-4、P-5 等多种型号导弹，国防实力大大提升，足以与美国抗衡。

在中国提出希望苏联援建之初，对方的态度有些隐晦，只同意接收 50 名火箭专业的留学生，提供两发教学用的 P-1 导弹。在这种背景下，1956 年 12 月，两发 P-1 导弹及其配件、备件运抵中国。这是两发使用液体推进剂的地地弹道导弹。其中，一发是供教学用的解剖弹，另一发是完整的导弹。苏联专家介绍，这发完整的导弹可以加注推进剂并进行初级点火，可用来练兵。

苏联领导人赫鲁晓夫在回忆自己初见导弹时的感受时说：我不想吹牛，但是老实讲，我们就像一群傻子。科罗廖夫称它为火箭。我看它倒像一支大雪茄，不相信这家伙能飞起来。到了发射台上，我们真像乡巴佬进城一样绕着火箭走，摸它，拍它，看它到底有多结实，差一点要用舌头去舔它，看它

谢光选（前排左五）与苏联专家合影

究竟是啥滋味。

而此时，虽然没有赫鲁晓夫那种体会，但围绕在直径 1.65 米、长度 17.7 米的导弹四周，谢光选和同事们充满了好奇与惊异。

“原来导弹就是这个样了啊！”

“这个大家伙能飞两百多千米吗？”

“这东西像根大竹笋似的……”

1957 年 5 月，为彻底了解导弹的构造性能，国防部五院决定，将导弹拆卸下来，而后测量、记录、绘制，并按照这种参数进行“反设计”。

所谓“反设计”，就是反向设计的意思。一般的设计是先有设计图纸而后制作出成品。而反设计则是从成品的技术指标出发，按照正常的设计程序和思路，进行反向逆推，计算当初设计之时的数据和参数。在只有成品、没有设计图纸的情况下，反设计无疑是国防部五院人员尽快掌握导弹设计技能的方法之一。

这种测绘和反设计成为科技人员接触实际、动手设计的一次极好机会。这项工作分为几个步骤：

第一步是拆装。按照拟定的拆装工艺程序，找到一个库房作为场地。库房有左右两间平房，内宽 5 米多，房梁下高度不足 3.5 米。左右两个平房间有两条轻轨贯穿，轨道上有铁轮驾着车架，上面可以安放或运送导弹。

两间平房，一间放一发导弹，剩余的空地就不多了，拆卸导弹碍事，还需要防止磕碰以及保护部段安全。为了拆卸导弹的几个大部段，必须动用吊车。但当把小吊车的支架在平房内撑起来之后，才发现，即使吊钩升到最高位置，还是低于导弹部段的中心线，没法把导弹吊起来。所幸的是，在两个平房之间有个 6 平方米的天井。于是，大家开动脑筋，把吊车架在天井里，而后把导弹架放在铁轨上，这样来回推动之后，导弹就凑到了吊钩下面，部段就被吊起来了！

偌大一个导弹，先拆哪个部件，后卸哪个部件，而拆卸下的部件、组件放在什么地方，大家共同研究，拟定了拆卸工艺程序。同时，为大部段做好存放支架；为小零件准备了包装纸袋，装入后写明件数、编号；螺钉、螺帽、垫圈卸下后成套地拧在一起，再装入纸袋。开始拆卸时，重要的部位由机械师老师傅先试拆，简单的部分则由结构组的人员轮流干。

科技人员小心翼翼，整整用了 10 天时间完成了这一步骤——对导弹的每个零件、部件、组件一一编号并登记造册，然后，逐一拆分，存放在不同的位置。

第二步是测绘和测试，对照拆卸下来的实物一一进行绘图，注明尺寸公差。同时，还要确定材料的品种、规格以及性能。

测绘工作相对简单，由导弹各专业组分别负责。结构组在拆卸现场完成了大部段的测绘和草图绘描；控制系统的仪表器件和电缆网则由控制组拿回办公室去测试、绘图；全套发动机交给发动机组做进一步的拆分。

材料性能则需要通过电检测、试验等，部分实物还要取样化验、分析，才能得出结论。为此，他们联系了协作单位前来支援。到 1958 年年初，导弹材料的分析化验结果陆续有了眉目，转交给新成立的一分院七室——材料研究室接收、整理，并进行下一步的研究。

这一步骤，花了半年时间才完成。

第三步是按照计算公式，由成品反向推算，计算出当初的设计数据。这也是最为艰难的一步。

没有先进的计算工具，没有必需的技术文件和标准资料，没有经过专业培训，这一工作对谢光选和同事们来说，难度很大。每一阶段都要把自行计算的结果与导弹资料进行对比、印证。如果结果相近，则说明所用的计算公式是正确的；如果差别较大，则需要从设计中查找问题、及时纠正。虽然艰难，但谢光选和同事们热情很高，细致认真，想尽办法按时完成了工作任务。

完成这些步骤之后，他们又用了 10 天时间，把拆卸后的导弹重新装配。除了一根约 2 米长的细空气导管在重装时因调整形状而出现了裂纹外，没有一个零、部、组件丢失、受损，就连螺钉、螺帽和垫圈也没有少。重装后的导弹干干净净，油光锃亮。

在中国运载火箭技术研究院（航天一院）保存的档案里，对 P-1 的反设计工作是这样描述的：

（1957年5月底）P-1的拆卸工作，大致完毕。只有某些细小部分需要等待特殊工具制成后，才能进行。有六件特殊工具已分别由空十师和二机部四局211厂赶制中，预计于月底能做好……P-1弹本身的各部件的测绘工作，估计7月份可完全绘出草图……发动机及其零件图由（国防部五院）九室负责，已接近完成2/3，全部共有19部分，已画好13个部分……控制系统全部测试了，没有问题。

P-1 的反设计工作进行得有声有色，不久，新的型号——P-2 导弹随之到来，反设计工作就此结束。因 P-2 导弹在性能上大大超过 P-1 导弹，因而成为仿制的新目标。两枚 P-1 导弹完成历史使命后，先后被送往哈尔滨军事工程学院和北京航空学院，成为教学用弹。

虽然这段反设计的时间不算很长，但 P-1 导弹在我国导弹事业创建过程上发挥了特殊作用。它让年轻的导弹研制者对一个原本陌生的领域有了首次“亲密接触”，有了具体而生动的认识，从中学习和了解了导弹的基础知识。

对于进入航天领域后完成的第一项工作，谢光选永远难以忘记。

4. 参军入伍授军衔

鉴于导弹研究的特殊性质，1957 年年底，为加强队伍管理，国防部五院请示上级，将五院纳入军队序列，番号是中国人民解放军 0038 部队，新成立一分院，番号为中国人民解放军 0038 部队一大队。

谢光选所在的一分院总设计师室改名为总体设计部，后更名为第一总体设计部，主要承担导弹总体设计等任务，是导弹研制的“龙头”单位，责任重大，人才济济。1958 年年初，一分院人员集体入伍，不少技术人员被授予军衔。经过组织评定，谢光选被授予少校军衔。

谢光选的领导、曾经的老师任新民，给他的评语是这样写的：

虽然缺乏结构学的知识，但在拆卸部件和测绘工作过程中，表现作风踏实，肯钻研，能想办法，是一个好的工艺工程师。

这种评价不仅代表任新民个人，也是熟知谢光选的人对他的普遍认识。这位“土生土长”的技术专家，这位踏实认真、甚至略显固执与倔强的江西“老表”，用孜孜不倦与刻苦钻研，赢得了同事们的尊重与认可。

虽然没有赫赫战功，也没有留洋求学的经历，但谢光选认为，自己有自己的优势，十年兵工经历获得的宝贵实践经验，是别人所没有的。诚然，在崭新的领域里，在导弹设计研制方面，自己尚有较大的提升空间，只要坚持踏实肯干和勤奋好学，就不会输给别人。

穿上崭新的军装，佩戴上簇新的肩章，谢光选的心里既新奇，又骄傲。生活上的军事化管理，对于谢光选而言，无疑是大有裨益的。

伴着洪亮的军号声声，谢光选走进办公室；在整齐的步伐与口号中，谢光选和同事们一起集体就

1958年参军后，
谢光选与家人合影

餐、排队开会。融入了军队的氛围，一分院呈现出一派整齐划一与朝气蓬勃的昂扬景象。

军人的严格与自律，科技人员的严谨与钻研，这两种不同的气质在一分院的导弹研制者身上达到了统一。在一分院这个大熔炉里，谢光选在工作作风与学术、技术两个方面，都在逐步走向成熟……

1965 年年初，国防部五院改制，在原五院的基础上成立七机部，五院一分院更名为七机部一院。同年 6 月 1 日，遵照上级指示，一院 8700 多人集体转业。谢光选认为，七年半的从军经历，对于培养与锻炼一支素质过硬的队伍非常有益。虽然不会吟唱那首军旅歌曲，但谢光选心里拥有的是同一种感情：生命里有了当兵的历史，一辈子也不会后悔……

谢光选

谢光选院士传记

Academician Xie Guangxuan's Biography

第五章

热土南苑练内功

一分院刚成立时，大家都在学习，热情很高。钱学森课讲得很好，通俗、生动，深入浅出，这也是一种艺术。钱学森让我给大家讲综合试验，我没有推辞。

——谢光选

1. 组建分院迎导弹

百草丰茂，“五脏”俱全，遗世独立。北京郊区长辛店地区，在 20 世纪 50 年代末，有一处不为外人所知的场所。一个偌大的院子里，杂草遍地，三栋办公楼、四栋宿舍楼、一大一小两个食堂，还有奶牛场、露天游泳池，设施齐备。一番整理与修葺之后，一分院就在这里安营扎寨，落下脚来。

此时的一分院，机构比较简单，行政机关只有办公室、政工组、技术保障组和物资保障组，下设八个研究室。与国防部五院时期各个研究室的序号不同，这八个研究室在一分院重新排序。各个室主任均是来自天南海北的专家与精英：

总体设计室，主任梁守槃；

结构强度研究室，主任屠守锷；

空气动力研究室，副主任庄逢甘；

发动机研究室，主任任新民；

冲压发动机研究室，副主任张世英；

推进剂研究室，主任李乃暨；

材料研究室，副主任徐兰如；

测试研究室，副主任吴德雨。

空气动力研究室和冲压发动机研究室组建后不久，即归国防部五院直接领导。当时的基层机构，在研究室之外，还设立有一个“工厂筹建处”，即为筹建导弹、火箭的总装厂而专门成立的筹备处。六室一处，这就是一分院在长辛店地区的组织机构。

怀揣着对于导弹知识的学习热情，一分院的人们在这里度过了半年多的时光。在这里，谢光选和同事们接触到了来自苏联的 P-2 导弹。

国际形势变幻莫测，以前在援助中国问题上没有大方地伸出援手的苏联，由于匈牙利事件的发生，

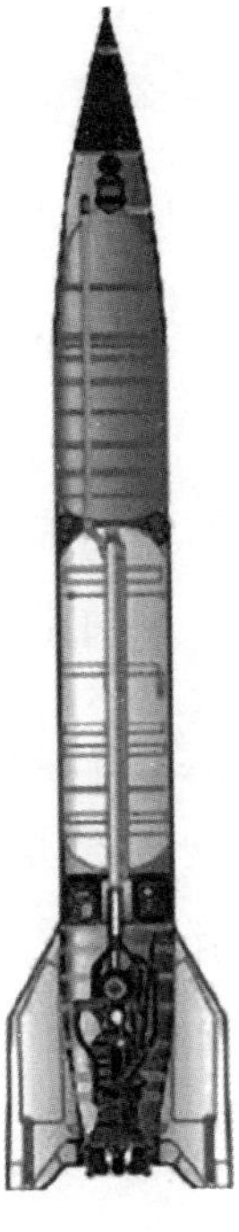

苏联援华的 P-2导弹

许多社会主义国家对苏联的做法表示不满，苏联为得到中国的支持，对中国的援助政策出现了松动。抓住这个难得的契机，中国立即派代表团前往莫斯科，展开与苏联的谈判。1957 年 10 月 15 日，中苏两国政府在莫斯科签订了《关于生产新式武器和军事技术装备以及在中国建立综合性原子能工业的协定》(简称《国防新技术协定》)，确定在 1961 年年底前，苏联向中国提供几种导弹样品和有关技术资料，派遣技术专家帮助仿制，并提供援建研制和发射基地的工程设计等。

按照《国防新技术协定》，1957 年年底，苏制 P-2 导弹运到了中国。

P-2 导弹是苏联在仿制德国 V-2 导弹的基础上改进设计的近程地地弹道导弹。德国 V-2 导弹是世界上第一枚具有现代意义的导弹，于 1942 年由德国冯·布劳恩率领众多工程师研制完成。他们首先研制出飞行距离约 100 多千米的 V-1 巡航导弹，后来成功研制并发射了 V-2 导弹，飞行距离达到 200 多千米，并于 1944 年 9 月 6 日首次投入作战使用。第二次世界大战期间，先后有 4300 多枚 V-2 导弹袭击了英国伦敦、荷兰安特卫普港和其他目标，破坏严重。也因为其巨大的威力，V-2 导弹引起了各国重视，其中包括苏联和美国。这，也就是当初在沈阳 724 厂，谢光选初见陈赓时提及的“不可抗拒”的武器，能击中远距离目标的尖端利器。

二战结束后，世界上各个国家争先恐后地加强战备。在德国导弹的基础上，苏联研制出 P-2、P-3、P-4、P-5 等系列导弹，军事力量迅速增强。就 P-2 导弹而言，其射程达到了 590 千米，导弹全长 17.7 米，最大直径 1.65 米，尾部有 4 个梯形尾翼，起飞重量 20.5 吨，以液氧和酒精为推进剂，发动机地面推力 37 吨，弹头重 1316 千克，装炸药 1008 千克，由触地引信和惯性引信引爆。导弹采用惯性加无线电横偏校正混合式制导系统。

1957 年 12 月 20 日，装有 P-2 导弹及其配套设备的 3770 次国际列车，缓缓驶进中苏边境的满洲里火车站。车上载有两发 P-2 训练导弹和 1 个营的主要技术装备，包括地面测试、发射、校正、运输、加注等设备 45 件。随列车前来的还有苏联官兵 102 人，其中军官 37 名、士兵 65 名，他们将在中国传授导弹发射的实际操作勤务，为期三个月。

四天后，12 月 24 日，列车顺利到达北京。国防部长彭德怀亲手解开了系在 P-2 导弹上的红绸带，他用浓重的湖南口音对在场的官兵意味深长地说："这是苏联老大哥过继给我们的'儿子'，祖国把他托付给你们了，你们可要把他当作亲生儿子看待呀！"

听到同事们后来的转述，谢光选十分赞同彭老总的话。是啊，虽然 P-2 导弹称不上是最先进的武器，但是，这发导弹对于中国而言，实在是来之不易。中国航天人，需要从这发导弹里学会基础知识，练就扎实的操作技能，需要从这里迈开中国导弹事业的第一步……

2. 教导大队练技能

虽然经历了 P-1 导弹无师自通的反设计，但毕竟只是简单的测绘。面对"人高马大"的 P-2 导弹，如何操作与维护，大家感到无从下手。苏联官兵的到来，无疑是雪中送炭。

为尽早培养出中国人自己的导弹研制队伍和使用操作人员，1957 年 12 月，国防部五院和炮兵司令部商定，共同组建“炮兵教导大队”，分成指挥、发射、技术和运输 4 个专业，23 个教学组，跟苏联官兵对口学习操作实务。

参加学习的学员有 563 人，其中国防部五院的科技人员有 101 人。谢光选奉命参加了炮兵教导大队第一期，在基础诸元准备科学习，并担任副科长。这个科共 16 人，人员以北京炮校、总参测绘局、国防部五院一分院为主。

1958 年 1 月 13 日，教导大队举行第一期开学典礼，大队全体干部、学员和任教的苏军官兵共同参加了大会。钱学森讲话，号召大家把苏军的先进技术学到手，注意与苏军搞好团结，学好导弹的战斗使用与维护保养，认真做好保密、保安工作。他鼓励大家：“P-2 导弹是苏联第一代产品，谈不上先进，但对我们来说，毕竟有了教学实物，可使我们少走弯路，我在美国就没看到这样的实物，要好好学！”

训练共分为三个阶段：第一阶段是导弹理论教学阶段，第二阶段是实装操作阶段，第三阶段是战术演习阶段。教导大队学员的生活完全军事化，除上课外，早操、点名和部队一样，还要排队去食堂就餐。

三个月，近百日的训练，已过而立之年的谢光选没有丝毫懈怠，早起晚睡，以谦和的心态认真学习，刻苦训练，很快掌握了操作技能。

作为业务领导，钱学森不时地前来看望学员们，和大家聊天、谈心。在集训快要结束时，一次谈话中，钱学森给学员们讲述了一件事：他收到一位青年人的来信，提出他写的一本有关工程控制方面的书上某个公式有误。他进行了复核，证实了这位青年的看法是对的，于是接受其意见，并做了修改。钱学森提醒学员们，搞科学研究就要有修正错误的科学精神和勇气。钱学森的这些话，谢光选牢牢地记在心里。他感觉，每一次与钱学森接触，都让自己看到一位战略科学家与众不同之处，这一次，他看到了钱学森襟怀坦荡的宝贵品质。

4 月 6 日，教导大队在北京郊区昌平南口地区进行了一次不带导弹的地面设备战术演习，为期三天。在一天两夜的时间里，谢光选和其他学员昼伏夜出，遵照要求操作，按照作战阵地布局对现场进行了布置，完成了车辆摆放、人员占位等规定动作，通过了考核。

经过 484 小时的训练，教导大队第一期的中国学员们以优异的成绩通过考核，完成了所有“学业”。1958 年 4 月 15 日，102 名苏军官兵完成任务回国，炮兵教导大队第一期训练任务随之结束。

尽管谢光选在兵工厂工作十年，积累了不少实践经验，但参加这种导弹实际操作训练，对于他而言，还是第一次。熟悉了 P-2 导弹的各个组成结构和发射程序，谢光选感觉，导弹不再是一个陌生事物，与自行设计、研制出中国自己的导弹这个似乎遥远的目标，在一步步地接近……

3. 搬迁南苑建一院

1958 年 5 月，聂荣臻元帅向国防部五院部署 P-2 导弹仿制工作，要求在 1959 年 10 月，即建国十周年之际完成仿制任务，故 P-2 导弹又被称为 1059 导弹。

刚从炮兵教导大队回来的谢光选被任命为第一总体设计部综合实验室主任，带领几十位同事负责发射运输设备、加注设备、遥测试验设备的研制和大型试验的组织准备工作，同时担任仿制 1059 导弹地面设备的总负责人。

1957 年年底，位于长辛店的一分院的人数大大增加，达到 403 人，这其中，来自五院的有 175 人，接收马列二分院人员 120 人，当年分配来的大、中专毕业生 108 人。原本显得有些空旷的院落人员渐多，热闹取代了冷清。

但这些人员还是远远不能满足导弹事业的发展需要。无论是设计人员还是研制人员，数量还需要大幅度增加。随之而来的一个问题是院址空间的狭小。尽管长辛店这个大院落的面积并不算小，但对于即将构建的集导弹设计、测试、试验、生产于一体的导弹研究试验基地，相对于一分院的长远发展，其空间远远不够。更重要的是，导弹研制的最后一道工序，需要有一个空旷的总装厂来进行加工、组装。长辛店显然无法满足这些需求。

院长钱学森召集有关人员商议，是新建一个工厂用作总装，还是选一个近似的老厂加以改造？钱学森的意见很明确，选择老厂改造，有一定的技术基础与实力，稍加修建就可以投入使用，方便快捷。

按照《国防新技术协定》，在苏联官兵回国之后，随着 P-2 导弹的到来，一些苏联专家来到一分院，支援中国的导弹仿制，参与选址等工作。苏联专家建议，中国应在北京郊区选择一个成熟的大型工厂加以改造，用作导弹总装厂。谢光选也赞同这个观点。在讨论会上，谢光选态度明确："按照我过去的工作经验，新建一个工厂需要四年左右的时间，导弹仿制是有时间要求的，不能拖那么长时间。"

新建工厂，从组建人员到建立机构，从布置工作到开展技能培训，这些都需要较长的时间。然而，仿制任务进度要求很紧，可以说是迫在眉睫，这个方法显然不是最好的选择。

在钱学森的引导下，大家达成了老厂改造的共识。但放眼全国，究竟哪里的工厂最适合呢？在钱学森的组织下，一分院选址小组成立，谢光选作为其中一员参加了选址工作。经讨论商定，大家一致认为，选择总装厂的条件和原则应该有以下几点：

第一，在北京附近选厂，便于中央领导和指导。

第二，科学院和大专院校有很多科研单位在京，便于得到他们的支持和协作。

第三，选点位置要有足够的空间用于今后扩建……

按照这几项原则，选址小组在北京及附近区域多处考察，最后在北京南苑地区找到了一个条件颇为符合要求的飞机修造厂。

这个工厂占地较广，经过改建，完全可以满足总装等任务需求。而且，厂区东边还有大片的空地，可以在此建立科研工作区，可以在附近的吴粮庄一带建立生活区。这样的话，设计与研究、试验、生产单位紧密相连，工作区与生活区域彼此相邻，工作起来方便，可以节省宝贵时间。

谢光选了解到，南苑在历史上就是兵家之地、抗战热土，一直与兵器有缘。

15 世纪初，明朝迁都北京之后，这里是当时最大的皇家园林。明天顺四年（1460），大学士李东阳陪伴明英宗游幸南海子，写下《南囿秋风》一诗，南苑被钦定为“燕京十景”之一。

清朝初年，这里仍是皇家御苑。顺治皇帝在此建造了较大规模的练兵场和阅兵台，作为“人君练武之地”。每次军队出征，顺治皇帝都会在这里阅兵送行。康熙大帝曾经在这里接见噶尔丹降将阿穆呼朗。乾隆年间，南苑相继建成了四大行宫和八大寺庙，有诗人用诗歌来形容南苑的美景：

绿水亭前罗带绕，碧山窗外画屏开。

清中期开始，这里成为屯兵之地，逐渐演变成北京郊区的军事重镇，驻扎了清政府的神机营和马队、步兵。

1910年8月，我国第一家飞机修造厂——南苑航空修造厂建成。厂长潘世忠亲自设计、制造了一架80马力的推进式飞机，在飞机的机头上架设了一挺机关枪，称之为“枪车”。这是中国人自行设计、制造的最早的武装飞机。

日军通过卢沟桥进军宛平城

在抗日战争中，南苑临近“七七”事变的发生地——卢沟桥，目睹了日寇侵略的血雨腥风。曾经，两位抗日名将血洒南苑……

1937 年 7 月 28 日上午 8 时，日军陆军、航空兵同时发动突然袭击。中国的南苑守军约 2 万人，仓促之间措手不及，完全处于被动挨打的地位。通信设备被炸毁，各个部队间联络中断，指挥失灵，各自为战。尽管如此，29 军副军长佟麟阁和 132 师师长赵登禹仍分别率部队奋起迎战，拼死抵抗，誓死坚守！在敌机一次狂轰滥炸中，佟麟阁头部受重伤，英勇殉国，年仅 45 岁。赵登禹临危不惧，亲率卫士，指挥厮杀，英勇就义，年仅 39 岁。

忠肝义胆，千古英烈，青史铭记，报国忠魂！

谢光选心里无限感慨。世事沧桑，白云苍狗。20 年前，这里壮士报国，血染疆土；20 年后，这里要建造导弹研制机构，铸造国防利器！

1949 年，南苑航空修造厂在老厂的基础上成立。1951 年 5 月，定名为国营 211 厂。1958 年 8 月，211 厂制造的我国第一架“乌米格 -15”型高级喷气教练机试飞成功。9 月，我国自行设计、制造的多用途轻型运输机“首都一号”试飞成功。

211 厂制造的飞机

为创建我国的航天事业，增强仿制实力，经上级批准，211 厂由二机部四局划归国防部五院，作为导弹试制总装厂，开始大规模的技术改造和改建扩建工程。1959 年 3 月，211 厂归属一分院建制。

自 1958 年 6 月开始，一分院陆陆续续由长辛店向南苑搬迁。这次搬迁的特点是人多、物杂、规模大，于是，搬迁分批分期地进行。

坐着拉运货物的大卡车，谢光选和同事们来到了北京南苑。规划中的第一总体设计部所在地当时是大片荒芜的空地，杂草丛生，荆棘遍地。时不时地，草丛中会有一只野兔窜出来，以陌生而警惕的眼神看着这些“入侵者”。

经过商议，暂时的办公地点被安排在厂区的空房里，等待基本建设工程竣工后，再搬迁就位。

在工厂西边的一个四合院里，谢光选和同事们卸下了行李。四合院不大，十多间平房并排矗立，白墙灰瓦，门窗俱全，仅够临时安身之用。打开包裹，摆放好桌椅，铺开纸笔，谢光选和同事们在这个冬冷夏热的院落里度过了一年多的暂住时光。

很多设计人员白天在办公桌上设计画图、撰写文件，晚上则在办公桌上铺上被褥安然入眠。天一亮，洗把脸、吃点东西继续工作，直到夜幕降临，直到

第一总体设计部临时办公的四合院

夜半三更，直到子时前后部里的领导前来催促大家早点休息……

当时的中国，物质极大匮乏，很多地方出现了吃不饱饭的情况。但是，这并不意味着工作就可以放缓。尽管条件有限，尽管面带菜色，甚至有些人出现了浮肿。单薄瘦弱的谢光选工作劲头十足——为自己的祖国造导弹，苦点累点不算啥！

与此同时，一分院的基本建设紧锣密鼓地开始了，一个被命名为“8102”工程的建设项目正在红红火火地进行中。1958 年 3 月 10 日，国防部长彭德怀批准了“8102”工程设计任务书，其中规定：确定一分院及其试制工厂建在北京南郊的国营 211 厂及其以东地区，占地 51 万平方米……

1958 年年底，南苑呈现出一派轰轰烈烈、大搞建设的景象，出现了一种别致的“风景”。东边是研制基地建设，到处是工地料场，尘土飞扬，机器轰鸣，施工队伍忙得热火朝天。西边则是办公场所，设计人员、研试人员、生产人员，埋头苦干，为导弹仿制辛勤耕耘。

谢光选有一种很强烈的感受——无论是工程建设者还是导弹仿制者，大家的心里都有一团炽热的火！一团赤诚的熊熊燃烧的火焰！

这团炽热的火，来自谢光选和同事们忠诚报国的赤子之心，来自人们心底对振兴中华的企盼，来自对未来的热望与信心！

这团炽热的火，让建设者们马不停蹄，以保证工程夜以继日地持续进行。

这团炽热的火，让导弹仿制者们克服重重困难，迎难而上——知识不够，学习！生活困难，克服！

这是物质极大匮乏的时代，但又是一个精神极大丰富的时代！即使一箪食、一瓢饮，即使面带浮肿、夜宿楼道，人们也不改其志，倾力奉献！

一年之后，伴随着工程建设的逐步完成，谢光选和同事们搬到了崭新的大楼里办公，办公与居住条件得到了改善。“8102”工程从 1958 年 4 月开工，到

1964 年基本建成，各项研制设施和生活设施已基本配套。211 厂经过新建、扩建和改建，已成为具有一定试制、生产能力的火箭总装厂。

当时的北京，平房遍地，棚户区到处可见。而在京郊南苑，却在不经意间，竖立起 100 多座厂房和楼房。原本荒凉的京郊南苑，骤然间因这些时髦的“现代化”建筑群而风采倍增。而这百十余座建筑，构成了我国最早、最大的导弹、火箭研究、设计、试制、试验和生产基地。

4. 土生土长“土豹子”

1958 年 5 月 17 日，国防部五院和第一机械工业部联合颁发 1059 导弹仿制任务分配表，提出了工作进度要求，明确了各单位的任务：一分院负责总体设计和弹体、发动机仿制，二分院负责控制系统仿制。各单位与一机部的协作问题，由五院同一机部联系。一分院可根据五院与一机部安排的任务，同一机部所属局直接联系。

毫无疑问，担负着导弹总体及关键部分仿制的重担，一分院显然是不可或缺的主力军与排头兵。

古人云：工欲善其事，必先利其器。对于国防部五院而言，“利器”主要指的是来自苏联的图纸。这些来自西北邻邦的原文资料成为导弹研制人员颇为看重的“宝贝”。

1958 年 6 月 28 日，装载着 P-2 导弹图纸资料的苏联列车于深夜抵达中国边境。星夜兼程之后，火车抵达北京。面对这一车厢的技术资料，一分院的人们都有种如获至宝的感觉——这一张张图纸，就是赖以仿制的坚实基础啊！

接收资料，翻译目录，根据分工分发有关单位……一分院快速完成了一系列“动作”。资料的接收与分发，火速进行！图纸翻译、描校，同时进行！北京的盛夏，蝉鸣声声，酷热难当。稍稍一动就汗流浃背。但一分院众多的翻译人员和科技人员即使挥汗如雨，也坚持忙碌到深夜，在较短的时间内完成了繁重的任务。

有了“利器”的导弹仿制者们迅速展开了广泛而深入的学习。在一分院众多人员中，见过导弹的寥寥无几，大多数人对导弹一无所知。“不知为不知，是知也”。不知道并不可怕，承认不知道之后的努力学习、后来居上，才是上上之选。尤其是在苏联专家到达一分院之后，学习的高潮再度掀起。

1958 年 11 月，按照《国防新技术协定》，36 位苏联专家来到一分院，协助仿制工作。对于这些异国友人，好客的中国人表现出了极大的热忱，入住专门的宾馆，开辟专门的食堂，工作中言听计从，周末组织郊游、舞会等活动。

1958 年 11 月下旬，一分院下发文件，明确提出，要虚心向苏联专家学习，防止华而不实、自满情绪等一切有害倾向。到 12 月 31 日为止，40 天内，科技人员重温“1059”全部设计资料和技术资料，在苏联专家指导下，边学习边工作，真正达到能够解决生产中的实际问题，坚决保证“1059”如期上天……并提出了响亮口号：苦战 40 天，一定要把“1059”全部资料学深学透！

身兼一分院院长的钱学森深深懂得学习的重要性，尤其在绝大多数人员是外行与非专业的情况下，他积极组织业务学习与培训，主张长期而系统地学习、从实践和理论两方面学习。

原本酷爱学习的谢光选找来一堆相关书籍，埋头苦学。所幸的是，他在以前就一直关注相关领域，已积累了一些知识，加上多年的兵工实践经验，触类旁通，很快，导弹知识有了一定的积累。而他实践经验丰富的优势，也逐步显露出来，受到钱学森院长的关注。

一次，在 211 厂总装车间，钱学森带领谢光选等人向上级领导介绍摆放的 P-2 导弹。围绕着导弹，钱学森为大家介绍了导弹功能、原理、组成、构造等，语言通俗易懂。说到尾部构造时，钱学森一挥手：“老谢，你来！你给大家介绍一下。你是来自兵工厂的，对这个最熟悉了。”

谢光选一愣，来不及多思考，立即组织语言，用比较通俗的话语告诉大家：“导弹尾翼具有稳定飞行方向的功能，是导弹不可缺少的部分……”

而对于其他部分，钱学森让同行的其他专家介绍。谢光选明白，这是钱院长在给大家一个展示与锻炼的机会。

通过这件小事，谢光选感受到，钱学森很注重人才培养，能引导年轻人迅速成长、成熟。钱学森曾说：“我国的科技工作者，尤其是中年以上的科技工作者，都有两项基本任务，一是创造性地完成本职岗位上的科技任务，二是尽最大努力培养人才。要重视学科和技术带头人的培养和保护。老一辈科技工作者要把好的传统、好的经验、好的道德和作风传给下一代。”

这些话语简单明了，但却寓意深远，对于事业的发展、人才的培养至关重要。谢光选深深地理解钱院长的苦心，也认同钱院长的这些话语，于是，在坚持自学的同时，谢光选也注重和同事们一起交流，在专业技术上互相切磋。

1959 年 9 月 21 日到 11 月 21 日，一分院开办了训练班，进行短期集训，使学员们在短期内对所从事的工作有个初步的了解。谢光选和梁守槃、方俊奎、屠守锷、吴德雨、王树声等人一起，参加了教学工作。谢光选主要为大家讲授综合试验。

内　容	教　员	时　间
导弹概论绪论	梁守槃	4 小时
第一单元　导弹概论	方俊奎等	10 小时
第二单元　导弹的结构	屠守锷等	12 小时
第三单元　导弹的控制系统	吴德雨、陈怀瑾、金钟骥等	12 小时
第四单元　发动机的分类	王树声、龚伊凡、王桁、黄国昌等	16 小时
第五单元　综合试验	谢光选等	10 小时

运用当年在兵工厂为大家授课的经验，谢光选编写教材。讲课时，他注重深入浅出，注重用模型“说话”，使学员们从浅显的语言中领悟深奥的技术原理。

学习的道路是漫长的，知识的积累不能一蹴而就。在钱学森的带领下，一分院通过倡导自学、开辟专门时间用于学习等方式，促进员工业务技能的提升，员工学习的热潮在一分院几度掀起。

古人孟郊云：人学始知道，不学非自然——一个人在学习之后才能获得知识、懂得方法，如果不学习的话，知识和技能不会被人天生拥有。

尽管通过自学已成为内行人士，但谢光选深深懂得，学海无涯，唯有奋力拼搏；导弹是复杂的综合体，涉及的知识面如此之广，唯有苦学，才能迎头赶上！

向设计资料学，学习导弹设计的知识与技能；向苏联专家学，学习经验与技巧；拿起课本自学，学习相关专家的著作，学习原版英文、德文书籍。好学的谢光选孜孜不倦，勤勉不怠。每天凌晨 5 点，在星光闪烁中，在他人还在熟睡酣眠时，谢光选房间的灯光准会准时亮起，这位酷爱学习的科技人员又开始了新一天的勤学苦读……

在一分院，出国留学的人大有人在。与这些人相比，谢光选知道自己“土”，土生土长的中国人。但自己绝不是寻常的“土包子”，而是一只“土豹子”，虽然土里土气，但一样威猛异常，一样威震一方！

谢光选

谢光选院士传记

Academician Xie Guangxuan's Biography

第六章

导弹仿制建奇功

我很幸运，从头到尾参加了“1059”仿制的全过程。我负责地面设备订货和靶场试验等工作，学到了不少知识，得到了很好的锻炼……

——谢光选

1. 自强自立自发奋

千里之行，始于足下。

中国航天事业的开端，起步于1059导弹仿制。面对来自苏联的P－2导弹，中国人需要从图纸与导弹实体中，掌握导弹设计的初步技术，于空白处描绘出蓝图，仿造出一枚崭新的导弹。

在以往规划的基础上，国防部五院适度调整，于1959年12月14日，颁布了修订后的仿制计划，由钱学森院长等人签署，下发颁布。此次计划，阶段清楚，步骤明确。1059导弹的整个仿制过程大体经历三个阶段：第一阶段，从1958年5月到1959年3月，主要任务是选厂定点、进行生产准备；第二阶段，从1959年3月到10月，主要任务是消化资料、全面开展仿制工作；第三阶段，从1959年10月到1960年11月，是仿制的攻坚与决战阶段。

绝不是简单的仿照制作，也不是轻易地照猫画虎，导弹作为一个复杂的巨系统，是一个尖端科技的综合体。没有设计原理的师承与传授，面对一个从未涉及的领域，要在极短的时间内熟悉导弹原理与设计技能，掌握组织方式与制造思路，选用材料，研制、生产、总装，绝非易事。数以万计的人投身到这项伟大的事业中。再多的辛劳，他们不怕付出；再多的汗水，他们乐意倾洒。大家心里只有一个念头：一定要仿制成功！

京郊南苑，一场以一分院作为“主力军”的特殊战斗打响了。一分院建立了较为完备的组织机构，开展了各项研究工作。对于迎面而来的诸多困难，一分院的导弹仿制者们不仅不断地攻克一个个“堡垒”，同时注重技术创新与技术储备，在攻克难关中发展自身。归结起来，仿制“1059”先后遇到了四类难题：首先，导弹图纸资料不全；其次，导弹原材料品种规格欠缺；再次，仿制设备的缺失是一个很棘手的问题；第四，也是最难以解决的困难，是一些工厂技术力量薄弱，无法满足导弹研制的需要。这是导弹仿制的四只“拦路虎”！

不言而喻，导弹是一个复杂的“巨系统”，头部、身部、尾部，内在系统、外在弹体，缺少任何一部分都不能成为完整的利器。与此对应，任何一部分的设计图纸不能缺少，也不能为其他资料所代替。在苏联提供的资料中，很多图纸不成套，缺少技术条件、非标准设备及工艺路线等。怎么办？

在P-1导弹测绘中积累的反设计经验派上了用场。按照已知的技术指标，进行设计计算，然后将自己设计的结果与导弹实物相比较，以此验证理论认识是否符合实际。如果所有关键环节都与引进的技术资料一致，就证明设计理论是正确的；如果相差较大，就表明所用的理论公式有欠缺之处，需要改进，以求符合实际。这样，在仿制任务完成后，就可以独立自主地进行新产品设计了。

导弹原材料品种规格缺料很多，解决的办法有两种：一是少量特殊牌号、特殊规格的原材料从苏联进口；二是立足国内，采取试制生产与寻找替代材料。

面对关键设备的缺失，一分院采取外联、内整两个办法来解决。大江南北，相关行业都被牵动起来，签订协议，安排紧张的生产任务，或部署紧凑的研究计划。全国范围内的大协作，初具雏形。同时，一分院开始进行有计划、大规模的技术改造，围绕仿制配备各类设备与生产设施。同时发动职工，制作一些简易设备，以满足仿制工作的急需。

对于生产技能上的薄弱环节，一分院采取边仿制、边培训的方法充实技术力量，提高技术水平。在此过程中，制定了相对严格的劳动纪律和检验程序，使得生产工序进一步清晰，向着正规化与专业化的方向迈进。

在一分院众多单位中，总体设计部始终是具有特殊地位的“角色”。

一分院参加仿制的单位众多、人数众多，需要有一个部门充当技术参谋的角色，全方位抓总。担当这个技术参谋与总体设计角色的，就是谢光选所在的总体设计部。谢光选知道，总体设计部的职责是航天实践的要求，也是系统管理的需要。随着型号的研制，谢光选看到，总体设计部的职能与定位越来越清楚，功能与作用也越来越重要。

钱学森认为，在发展国防尖端技术时，要指挥如此庞大的社会劳动，需要一个为领导当技术参谋的部门。钱学森曾说：“靠一个总工程师或总设计师，加上几个副总设计师，这么几个人，已经不能应付局面，已经不能够适应复杂的抓总工作了。必须有一个在我们工作当中，称之为总体设计部的部门。他们不是几十人，而是很多学科配套、专业齐全、具有丰富研制经验的高技术科技队伍。”

钱学森认为，所谓尖端科学的“尖”，就在于综合，意味着集大成者。在实践中，谢光选切身体会到，总体设计部担负着导弹总体设计、总体协调的任务，不但要制定出总的技术指标，还要把导弹、火箭各个分系统的定性定量指标分配好、协调好。为此，总体设计部内部首先要有严密的组织和科学的分工。钻研理论、消化资料，一张图纸、一张图纸地学，一个技术条件、一个技术条件地研究。谢光选和同事们辛勤地工作着，他们不仅要清楚每张图纸、每个技术条件本身是什么，还要清楚这张图纸和技术条件与其左邻右舍的关系；不但要弄懂为什么这样设计，还要弄懂为什么选用这样的材料，为什么要做那些试验。就这样，通过一次次探索、一点一滴的积累，技术人员对这些技术资料的运用达到了较为自如的程度。

谢光选（右三）等技术人员与苏联专家合影

从 1958 年年底开始，陆续来一分院一部的苏联专家有 12 人。各级领导要求设计人员虚心向苏联专家学习，利用一切机会把专家的知识与经验学到手，为今后自行设计打好基础。室里每周都专门安排专家答疑时间，事前让大家准备好问题，到时轮流向专家请教。在苏联专家的指点下，加上技术人员的自身努力，年轻的设计队伍迅速成长，积累了宝贵的设计经验和实战技能，为日后自行设计打下了良好的技术基础。

自立自强，是谢光选和同事们学会的第一课；为仿制而努力发奋，成为大家的共识。

2. 多学多问多学问

在钱学森的引导下，一个职能健全、分工明确的总体设计部，一个学科配套、实战经验丰富的技术参谋部，逐步建立起来。谢光选知道，这里包含着钱院长的心血与智慧。

是钱学森高瞻远瞩，上书建言，开创了导弹事业；是钱学森纵横捭阖，遴选人才，组建了研制机构；是钱学森编写教材，亲自授课，传授了导弹知识；是钱学森高处筹划，整体统筹，引领了行业发展……航天大业是千千万万人的共同事业，但钱学森在谢光选心中，始终是领头人物，始终是航天领域独一无二的奠基者，始终是绝无仅有的战略科学家。

谢光选十分珍惜在钱学森领导下的工作机会，工作中兢兢业业，勤学苦练。而钱学森对谢光选也十分器重，认为他的实践经验是其优势所在。在钱学森的鼓励下，谢光选逐渐脱颖而出，担任了一部第五设计室主任。

五室是第一总体设计部的综合实验室，包括地面设备测试，主要职责是负责导弹研制中的各种大型地面和飞行试验，完成试验设计，包括试验大纲的编写、操作规程的提出，以及完成各种测试等。谢光选带领五室的同事们下大力气，明确职责，搭配班组，端正态度，四处求学。

五室有 30 多名技术人员，谢光选负责室里的整体业务，他找各个班组分别召开会议，帮助大家界定业务范围，规划学习方向。

1958 年，五室测试组成立时，负责遥测、外测和控制测试业务。随着仿制工作的开展，外测和控制测试任务分离出去，单独建组。外测独立为四组，控制测试独立为七组，余下的遥测任务由三组和八组共同承担。谢光选召集遥测人员开会，对大家说："导弹研制离开遥测是不行的，在苏联专家未到之前，我们不能消极等待，应该主动学习，多做些技术储备。对于遥测的具体业务，我说不出一二三，但对于遥测的功能与职责，我很清楚，我知道该怎么学习，我跟大家介绍一下我的经验。"一番推心置腹的谈话，让茫然无绪的遥测人员看到了工作与学习的方向。对刚刚接触遥测的科技人员而言，也知道了遥测的意义和具体工作内容。

遥测作为获取导弹飞行信息的主要手段，借助实测飞行状态数据，验证导弹设计、生产与地面试验仿真的合理性和可行性，进而为评定总体和系统性能、为故障分析提供可靠依据。没有遥测的导弹即使飞行成功，也是"哑巴弹"，因为说不清成功原因。万一飞行失利，更无法查明原因、求得改进。试验目的是获得准确可靠的信息，所以，遥测系统是导弹研制不可缺少的配套设备。

原来遥测工作这么有意义，大家心里有点"谱"了，学习的兴致随之高涨。

可在苏联运来的资料里，遥测资料来得最迟，而且缺三短四，最不配套，几乎没有可以直接仿制的资料。谢光选告诉大家："有图纸的就仿制，没图纸的就要自行研制，走自力更生的道路。"

他想方设法为大家寻找线索，提供学习机会。他找到三组和八组的组长，列举了四个方面的学习内容，包括专业技术基础的学习与交流、遥测专业名词的标准化翻译、各个系统遥测信号的引出点，以及测试程序的掌握。

紧紧围绕这几个方面的主题，遥测人员开始了为期一年的专业学习，大家互相学习，互相促进。中专生学习大学生的专业知识，理论基础得到了较大提升；大学生学习中专生的实践技能，获得了宝贵的操作经验。每个人的积极性都得到了激发。

一次，谢光选找到室里资格最老的大学生，对他说："你是最老的同志了，发挥你的特长，把你知道的东西给大家介绍介绍。列个提纲，从零开始，给大家讲透了。"

在谢光选的授命之下，五室的电工班开课了，主要内容是系统讲授电工学知识。开课之际，谢光选鼓励大家，要认真学习，多学、多问。于是，每个周三或周五晚上的两个小时，凡有空闲时间的人都会赶到会议室，参加学习。恰如在学校里的学习方式，讲课教师备课、出题，学生们听讲、做作业。大半年之后，约有 20 多人以五分的成绩顺利通过考试，拿到了结业证书。

谢光选还带头制作卡片，传授学习经验。在他的抽屉里、口袋里，常常有一叠卡片，长约 10 厘米、宽约 2 厘米，在看书、读报、交谈时，一旦有新的信息，他就会拿出卡片，记载下来。他的这种卡片，被设计人员称为"情报卡"。

一天，谢光选交给遥测人员一张"情报卡"："我找到了一份资料，对你们有用，你们找来看看，学习一下。"

原来，谢光选在翻阅兵器杂志时，看到与炮弹加速度遥测有关的文章，就即时抄在卡片上，交给同事参阅学习。大家按图索骥，找来这篇文章，并按照参考文献追查到相关资料，一起认真研究。该文章详细介绍了压电加速度传感器、调制器和发射机以及补偿技术，这些内容构成了典型的小而全的无线遥测系统。通过分析、计算，大家初步掌握了遥测要领和基本内涵，对遥测概念有了进一步的认识。

通过这件事，遥测人员发现，这张小小的“情报卡”用起来很方便，于是纷纷仿效。后来，制作“情报卡”成为五室人员的普遍做法。

大家都知道谢光选在专业领域里的博学，碰到一些不知道的问题，就会找他请教。谢光选总是拿出笔记本，先记下来，而后说：“好，我看看，回头给你答案。”

一两天之后，谢光选找到请教他的人，一五一十地为其分析、讲解。一次次的问题，一次次的回答，谢光选从不厌烦，这让年轻的科研人员原本有些惴惴不安的担心渐渐放松下来，感到谢主任是一个很谦和的人。

谢光选不止一次地告诉身边的同事：“我没吃过洋面包，没喝过洋墨水，但是我觉得自己这个土专家的业务能力不比洋专家差多少。他们的书我都看过，都是自学的。”

在大家的眼里，谢主任的学习劲头无人能比。

白天处理工作，晚上计划第二天的工作安排，身为主任的谢光选，工作比较繁忙，但一有空儿就翻开书本学习。在室里同事看来，谢主任没有一天不学习，今天学弹头知识，明天学地面设备知识，凡是和专业相关的书籍，谢光选都会仔细钻研。他鼓励年轻人要掌握一门外语，以方便学习外国的先进经验。他说："我们一定要学会借鉴资本主义的成熟经验，不能从零开始。"

在谢光选的带动下，科技人员都捧起课本，孜孜不倦地钻研。对于带头学习的人，谢光选格外重视，为其提供便利条件。

至 1958 年年底，谢光选所在的五室共有四位苏联专家。每天清早，当这些苏联专家到办公室时，谢光选和其他室领导总要和他们握手寒暄，嘘寒问暖。他要求各个班组的人员，尊敬专家，有疑难之处一定要向专家请教，认真听取专家的意见，并明确要求："专家的意见不过夜。"凡是专家提出的意见，当天就要汇报给室主任，以便室里掌握第一手信息。对于与专家意见有分歧之处，谢光选要求大家，要集体认真讨论，确定自己的意见能否站得住脚；假如真是我们的办法好，也不能在专家面前炫耀，还是要尊重专家。

谢光选（左三）、张钧（右三）、徐兰如（右二）等与苏联专家合影

苏联专家以传授技能为主，大多不涉及导弹设计原理等内容，更不传授工艺材料选用等知识，他们要求中国人完全按照苏联的要求选用材料，不能有一点走样。对此，谢光选有自己的主见，他不主张一切照本宣科。他对身边的同事说：“咱们中国的大学生，多发挥自己的聪明才智，动动脑筋，不能凡是导弹用的产品都要从苏联进口，这怎么能行？要有真知灼见，苏联专家的意见是要认真听取，但不能认为他们的话就是天经地义、金科玉律。要有我们自己的见解。”

一分耕耘，一分收获。在谢光选的带领下，通过多学、多问这两个“法宝”，五室科技人员的业务能力得到了迅速的提高，学问日益增多。

3. 分工钻研重实践

1959 年年初，随着新员工的逐步到来，五室的人员得到充实，专业划分得更细了。导弹弹头从五室划分出去，成立了独立的科室，试验测试成为五室的主要工作。按照苏联专家的建议，五室分为九个班组，分别负责试验的总体（一组）、使用（二组）、遥测系统（三组）、外测系统（四组）、起竖发射（五组）、加注（六组）、控制测试（七组）、遥测测试（八组）和非标准设计（九组）。

根据工作任务，五室制定了较为详细的工作计划，把自身的工作职责细细划分，一一列举。整体而言，五室的工作共分为消化资料、对外协作、试验与测试、靶场准备、参加飞行试验验收等方面。

首先，组织科技人员赴各个协作厂，协助工厂制订拆装计划，学习并消化工艺规程，协助解决关键材料的来源等问题。

其次，组织大量人员参加控制测试及遥测外测等工作。审查实验设备的设计、安装与检查；参加“1059”组合件总装配件的试验和测试，编制总装配和测试计划草案；组织参加总装测试；参加遥测弹资料和遥测设备的接收；补充提出遥测设备和传感器的技术任务书，了解其设计试制情况；参加遥测弹的生产和总装工作，学习遥测设备的操作等。

第三，靶场发射是五室必须严谨对待的工作主要内容之一。了解靶场准备情形、提出试射时的物质保障技术任务书，以及国产地面设备预演的详细

1059导弹液氧加注车

计划；会同有关单位制订全弹试车的准备工作计划，了解试车台的建设情况，并会同检查准备情况，参加全弹试车；参加制订“1059”产品验收计划及试射计划。

第四，组织实施地面设备验收。确定验收和交货办法；组织各部件间的互相配合性试验；对各个协作厂——247厂、307厂、547厂、298厂、211厂、齐齐哈尔机车厂等工厂生产的车辆、设备进行验收；了解试验基地基建情况等。

四个方面，数百项工作内容。谢光选组织大家充分了解五室的工作计划，并将任务分解到各个班组，督促大家按时完成。同时，他抓住重点业务与重点环节，组织下厂工作组，引导大家注重实践，承担着五室“领路人”的角色。

大国利器，用诸国防。在总体设计人员看来，使用单位——中国军方的需求，是自己应该“门儿清”的。于是，谢光选和同事们来到部队，召开座谈会，征求对导弹产品性能、操作使用、安全可靠等方面的意见。你来我往之后，设计人员和部队官兵建立了联系，成为了亲密的合作伙伴。

1959年2月，第一总体设计部成立了各个仿制工作组，明确职责及联系协作单位，承担着赶赴协作厂家进行技术指导等职能。其中，地面加注设备仿制工作小组以南京307厂为中心开展工作，组长是谢光选；靶场试射及试车台试车准备工作小组，组长也是谢光选。在工厂，谢光选与设计人员肩负着技术员、教员、检验员等多重职责，与工人师傅们交流实践经验，处理超差代料等问题，实现了设计人员与工艺人员及工人的紧密结合。

在工厂，设计人员发现，工人师傅们有干劲，有热情，但由于任务繁重以及对技术标准的理解有限，出现了一些始料不及的问题。

比如，南京307厂在1958年8月开始仿制所需要的五种地面设备，原计划生产五套。接受任务后，厂里积极开展了生产准备工作，进行了产品图纸、资料的翻译、描绘、复制，以及工艺准备、材料准备等工作，同时新建了一些车间、厂房，增添了试验设备。1959 年 1 月，工厂将“1059”列为生产任务的“元帅”，每周召开仿制生产会议，在总工程师的领导下，开展“边生产、边学习‘1059’”的运动，并成立了车间和厂的试验、验收小组等，部分计划得以有效实施……

但是，该厂首先突出地存在着材料协作等问题，严重影响到仿制任务的完成。材料协作是仿制工作中最突出且必须立即解决的问题。其次是质量问题，由于新产品试制，工艺装备少，在投入试制前，生产人员缺乏深入学习，因此生产过程中瑕疵较多，如 1958 年 12 月生产的 66 种零件中，有 32 种零件系瑕疵品，接近 50%。影响质量的另一个原因是代用材料多，某个部段甚至达到了 92%。为争取时间，部分材料未能保证比原材料好，而是勉强代用，不同程度地导致了重量增加、耐蚀性下降等问题。

针对驻厂设计人员反映的这些问题，以谢光选为首的工作组提出了具有实际意义的意见：首先，抓住关键问题，“打通一条协作通路”，解决材料及协作问题。其次，联合有关单位，制定试验及验收暂行办法。

在谢光选的带领下，五室的设计人员在实践中逐步成熟。“1059”仿制工作在稳步进行……

1959 年 3 月 31 日，国防部五院下达文件，任命梁守槃为“1059”总设计师，另任命了若干主任设计师和订货负责人。谢光选被任命为地面设备订货总负责人。

1959 年下半年，第一总体设计部安排技术人员为行政干部讲课，传授技术知识，提高行政干部的专业素养。谢光选作为讲课人员，承担的课程是综合试验。9 月 28 日和 10 月 5 日，谢光选两次给大家授课，内容主要是综合试验程

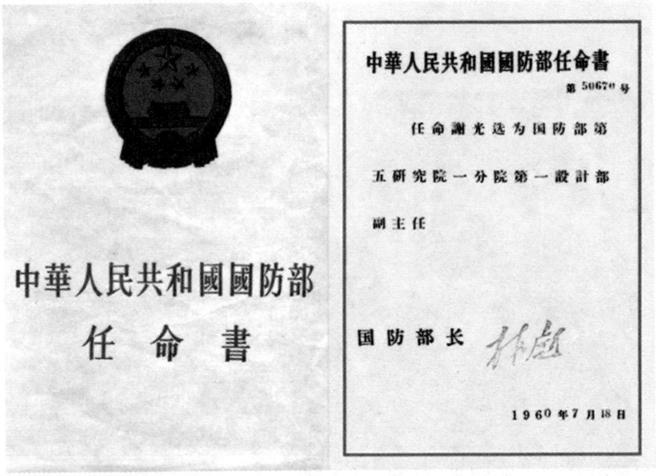
中華人民共和國國防部
任命書

中華人民共和國國防部任命書
第50670号

任命謝光选为国防部第五研究院一分院第一設計部副主任

国防部長 林彪

1960年7月18日

1960年7月18日，第一设计部副主任谢光选任命书

序及存在问题、各项综合试验目的和主要要求、参与试验的各项设备的联合使用及其主要说明等。谢光选又一次拿起教鞭，用浅显而明白的语言为大家授课。

在总体设计部，“土豹子”谢光选成了独当一面的技术精英，并成为管理人员中的翘楚。1960 年 7 月，谢光选被任命为第一总体设计部副主任，主管大型试验、组织发射等工作。

重任在肩，谢光选不骄不躁。

前路漫漫，谢光选上下求索！

4. 装备史上转折点

国际形势，风云变幻。1960 年下半年，就在中国仿制“1059”进入攻坚阶段时，苏联单方面撕毁协定，中断援助，撤走专家。8 月 12 日，最后 3 名苏联专家登上了回国的列车。至此，一分院 30 多位苏联专家全部返回了苏联。尽管内心有诸多想法，但谢光选还是响应一分院的号召，在欢送会上表达了充分的尊敬与适度的感谢，并热情地把苏联专家送到了车站。他知道，绝大多数的苏联专家对中国是友好的、善意的。然而，送别苏联专家后，转身回来面对的，却是大部分尚未完成的工程项目。

8 月 14 日，在送走苏联专家的第三天，上级明确指示，要依靠我国自己的专家和工人，研制出自己的导弹。钱学森非常明确地告诉大家：

谢光选（左一）、刘川诗（右二）等欢送苏联专家回国

中国人民是聪明的，并不比别的民族笨。

自上而下的关怀与鼓励，激励着每一位科技人员。

1960年9月6日，一分院及时召开会议，提出要贯彻“发奋图强、自力更生、埋头苦干”的方针。首先摸重点，再由重点到一般，把土建和设备情况以及专用和非标准设备情况，摸清楚，列出清单，提出解决办法。从干部、技术人员到工人，大家一条心、一股劲，团结一致，奋战在各自的岗位上。他们有一个共同信念：一定要把“争气弹”搞出来！

“1059”仿制，已经不是简简单单的型号研制的学习与入门，而是成为中国导弹研制人员为国家争气、为民族争光的大节、大义。在这个强烈信念的支撑下，一分院员工每天在食堂、宿舍、办公室之间来回穿梭，三点一线，极有规律。而后来，宿舍、办公室合二为一，就成为了“两点一线”。

身为一部副主任，谢光选每天工作十二三个小时。在他的心里，只有一个简单的念头：一切为了导弹上天！

在众志成城的努力下，“1059”仿制进程有序地往前推进，一系列设备验收先后进行。来自各个领域的专家组成了各个验收小组，对各式各样的设备和零部件进行验收。谢光选欣慰地看到，验收基本圆满完成，大家的努力没有付诸东流。他知道，为了仿制，一分院的员工，身边这些可敬、可爱的同事们，基本没有下班的概念，只要有时间，就认真钻研。这些设备验收成功，是大家用汗水换来的……

1960 年 9 月，“1059”总装完成。

9 月 10 日，导弹发射基地组织了一次“练兵”。一枚经过拆装的苏制 P-2 导弹，在加注了我国自行生产的酒精和液氧后发射成功。这证明，中国自己生产的酒精和液氧得到检验，发射基地的实际操作技能也在这次发射中通过了检验。

10 月 19 日，赶赴基地的试验队组建完成。一院总体设计部派出了以谢光选副主任为首的 77 名试验队员。10 月 23 日，装载导弹的专列从北京启程前往酒泉导弹发射基地。

明月出天山，苍茫云海间。

大诗人李白以豪放的诗句描写了中国西北的独特风光。南依祁连山，北枕古长城，东连金张掖，西连嘉峪关，酒泉自古以来就是兵家必争之地，以“城下有泉，其水若酒”而得名，是甘肃、青海、新疆维吾尔、内蒙古四省区交汇点，通衢要道。这里山脉连绵，戈壁浩瀚，盆地毗连，形成了雄浑独特的西北自然风光。白雪皑皑的祁连山，苍茫的大戈壁，与湛蓝的天空交相辉映，可以领略“大漠孤烟直，长河落日圆”的壮美，也可以欣赏浩瀚戈壁的海市蜃楼奇观，既有银装素裹的冰川雪景，也有碧波荡漾的绿洲平原。这里年平均气温 8.5 摄氏度，相对湿度 35% ~ 55%，每年约有 300 天可进行发射试验。

几乎没有时间欣赏身边的美景，到达发射基地后，全体人员立即投入紧张的测试工作，细致检查每个系统的配套设备，认真测试与分析每个仪器设备的性能参数，一丝不苟地检查每个元器件、零部件是否牢固，焊点是否可靠保险。在系统综合检查和全弹总检查中，每个岗位的人员高度负责、兢兢业业，不放过任何一个疑点，齐心协力，确保成功。

11 月 4 日晚，发射前夜。望着伫立在发射塔架上的导弹，谢光选的心情很复杂。

紧张？有一些，毕竟这是一发倾注了数万人两年心血的导弹啊！担心？没多少。谢光选知道，为了这发导弹，他和他的同事们付出了多少，这些付出一定会有回报。他坚信，天道酬勤，多年的成果绝不是虚话妄言、两年的辛苦构建绝不是空中楼阁。

11 月 5 日，酒泉基地的发射场上空，蓝天白云，万里晴空。呼吸深秋时节大漠之中微凉的空气，令谢光选的头脑格外清醒。

上午 9 点 2 分 28 秒，只听一声巨响，一股暗红色的火焰从发射台下向四周蹿起，“1059”稳稳地从发射台上缓缓升起，继而越飞越快，在蓝天上留下一条长长的乳白色烟雾，最后变成一个小亮点，消失在西边的天空。这时站在远处敖包山上的试验队员们，不约而同地欢呼起来。

经过 7 分多钟的飞行，上午 9 点 10 分 5 秒，导弹弹头落到目标区，激起一股尘烟。导弹飞行了 550 千米，精确命中目标。当弹头命中目标的喜讯传到发射基地时，张爱萍上将情不自禁地跳了起来，紧紧握住钱学森的手，高喊道："成功了！成功了！"

掌声、欢呼声持续了好一阵子。在欢笑与尖叫声中，谢光选和一些同事们不知不觉地热泪盈眶。

这一天，恰好是谢光选 38 岁生日。在导弹发射基地参加中国首发仿制导弹的发射试验，谢光选觉得，这个生日过得太有意义了！当然，仿制"1059"是千千万万人智慧的结晶，谢光选知道，自己所从事的工作只是很小的一部分。对此，谢光选丝毫没有沾沾自喜，而是为中国国防事业欢欣鼓舞！

万事开头难，中国航天亦是如此。在相对落后的情况下，中国组织本国的工程技术人员从仿制入手，摸索出导弹、火箭的研制之路。这是走向独立设计的一条重要捷径。在仿制"1059"的基础上，中国的导弹、火箭研制队伍开始迅速成长、壮大，并逐步沉稳、成熟。

三十功名尘与土，八千里路云和月！

而今，这艰难的第一步终于迈了出去，那么，接下来的道路，谢光选暗自思忖，不管如何崎岖，不管是否经历风雨，都有恒心走下去，都有信心能干好，都有决心闯出一条路！

绷紧的弦一下子放松了，大家都在休息。这一天的酒泉基地，异常安静。只有后勤人员在准备晚上的会餐。谢光选睡了一会儿，起来四处溜达，碰见了酒泉基地的一位同事，他高兴地说："老谢，今天晚上我们要吃伙食尾子，要会餐了。”

谢光选很奇怪，伙食怎么会长尾子呢？这位同事乐了：“说你是个专家就是个专家，好多事情都不知道。这伙食尾子就是伙食费节省下来的钱，用这个钱进行一次会餐。”

谢光选恍然大悟，原来如此！

所有的后勤、服务人员都在为晚上会餐的四菜一汤紧张地忙碌着。

这次会餐，是一次重大的宴会。四菜一汤，个个都是“精品”。主菜是炖黄羊肉——这可是酒泉基地独有的美味。黄羊是从野外猎回来的，其肉没有膻味，味道颇佳。第二道菜是炒豇豆，用的是部队种植和储存的干豇豆，用水泡开清炒，味道上等。再有就是西红柿炒鸡蛋和辣椒炒肉，用的是参观试验的首长们带来的西红柿和青菜。凑足这四菜一汤，实属不易！

当天晚上，在酒泉基地食堂，所有参试人员都参加了会餐。兴奋的心情溢于言表，每个人的脸上都洋溢着笑容。

聂荣臻元帅出席了会餐。在会餐开始之际，他站了起来，用洪亮的声音讲道：“在祖国的地平线上，飞起了我国自己制造的第一枚导弹，这是毛泽东思想的胜利，是工人、技术人员、干部以及解放军指战员辛勤劳动的结果，也是我军装备史上一个重要的转折点。”

12 月 6 日，“1059” 又进行了一次发射，获得成功。随后，配置了遥测系统的导弹发射成功，获得了全程飞行数据，证实各系统运行正常。

仿制 1059 导弹是我军装备史上一个重要的转折点，使国防实力得到较大的提高。1964 年 3 月，1059 导弹被正式命名为“东风一号”。1966 年 6 月，“东风一号”生产线撤除，结束了第一个仿制型号的历史使命。迄今，东风一号地地导弹矗立在中国军事博物馆里，作为历史的印记，永久展出。

仿制 1059 导弹，使一分院的科研人员和管理人员得到了培养与锻炼，初步建立起全国导弹科研生产协作网点，建立了各项科研生产管理制度，经历了导弹生产全过程，为自行设计打下了一定的技术基础和物质基础。中国航天的这一步，走得艰难，走得顽强，走得可歌可泣，走得勇敢壮丽……

谢光选最难忘全国人民团结一致、大力协同的精神——全国共有 1054 家单位协助导弹仿制工作，这还仅是县团级单位，没有计算其他小单位……

“1059”仿制成功后，为表彰工程技术人员所作的贡献，国防部五院评定了一批工程师，被人们亲切地称为“1059 工程师”。在一分院 239 人中，谢光选的名字赫然在列——他由技术五级晋升为技术四级。

欲穷千里目，更上一层楼。

一次成功不是终点，仿制导弹不是目的。中国航天事业迈出了第一步，但绝不会原地踏步。如何在仿制的基础上改进设计，技术指标如何不断突破，实现独立设计与研制，是谢光选和同事们面前的大方向。

这个方向，尽管布满荆棘，但谢光选相信，伴随着荆棘的，必将是无限的光明……

谢光选

谢光选院士传记

Academician Xie Guangxuan's Biography

第七章

踏平坎坷成大道

系统工程是航天最大的成果。“东风二号”首飞失利后，在钱学森的领导下，原来的设计委员会变成了总设计师系统，这是一个很大的转变。

——谢光选

1. 改型设计遇磨难

1960 年 11 月 5 日，一项宏伟的事业掀开了一个伟大开端，“1059”发射成功，但中国航天的脚步不能只停留在仿制阶段。从仿制走向改型设计，进而走向独立研制，是中国航天的必由之路。

1960 年 3 月，“东风二号”——“1059”改进型号的设计工作提上日程。一分院为“东风二号”配备了精兵强将，包括各个专业的专家，其中就有总体主任设计师谢光选。

对于谢光选而言，1960 年是一个特殊的年份。这一年，谢光选被任命为第一总体设计部副主任，责任更重了；这一年，谢光选加入了中国共产党，开始了人生中的“红色拐点”；这一年，谢光选在试验基地度过了一个很有意义的生日，亲历了中国导弹的首飞；这一年，谢光选成为“东风二号”的主任设计师，负责型号的总体设计工作。

1960 年年初，谢光选在第一总体设计部组织具有实战经验的技术人员开展“东风二号”的研制。他认真思考每一个工作环节和流程，告诉大家：“我自己一直在想，你们也帮我想着，工作不能有任何遗漏，型号研制的任何工作都要有人干，都要有保障。”

3月，第一总体设计部确定了“东风二号”总体设计方案，导弹代号为DF-2，全长20.9米，最大直径1.65米，尾部有4个三角形尾翼，起飞重量29.8吨，推进剂仍为液氧和酒精，比冲2156米/秒，射程1200千米。

上级要求第一总体设计部在不足两个月的时间内完成方案设计。接到任务，谢光选组织设计人员立即投入到紧张的工作中。按照总体设计要求，谢光选给各室下达了工作任务：一室负责总体设计，做好总体方案的制订和论证；二室负责弹体结构设计，与发动机研究室和211厂协调；三室负责控制系统设计，与二分院控制技术研究室衔接；四室负责弹头设计，与211厂协商生产事宜；五室负责综合试验，提出试验项目和试验目的等；七室负责图纸标准的颁发等事宜。

分工明确，节点清楚。同时，谢光选组织各个研究室定期汇报，协调具体工作，并督促大家按时完成。设计人员提出了明确的口号：运行的火车不能停在我的站台上！

导弹研制工作一旦启动起来，就仿佛运行起来的火车，轰鸣着奔驰向前。每个设计人员都争分夺秒地完成自己的工作，不让这列火车因为自己而耽误时间。工作忙，加班，有人干脆睡在办公室！太累了，倒头睡一会儿，睡醒了洗把脸接着干！入夜时分，办公区内，到处灯火通明，到处是辛勤的一分院人昼夜奋战的身影。为计算一条弹道，设计人员摇动简陋的手摇计算机，抢时间连续作战。连续工作三天之后，有的人手臂都抬不起来了……

在总体方案设计中，关键技术之一就是液氧箱改用单层结构。但是，改进之后所带来的问题——加注后在停放过程中的蒸发量如何计算，需要通过实验来验证其正确性。而做实验，一无实验室，二无实验设备，怎么办？

“没有条件就创造条件！开动脑筋，我们一定有办法！”谢光选给同事们“打气”，鼓励大家想点子、出主意。在谢光选的组织下，第一总体设计部成立了联合试验小组，总体室、结构室和实验室的人员都参加，大家联合起来想办法，用“土办法”解决难题。在211厂总装车间前的空场上，开始了实验。从清早7点开始准备，到下午1点，一切准备就绪，实验开始。经过一天的努力，得出了结论：实验所测得的液氧蒸发量并不很大，与理论计算值基本相符。这表明计算是可信和科学的。

经过反复斟酌、推敲，1960年7月，完成了“东风二号”总体方案设计。相对于“1059”，新型号的主要改进有三项：其一，提高了发动机推力，工作时间为125秒，导弹能飞得更久，射程大大提升；其二，液氧箱设计改为单层薄壁结构，尾段由钢结构改为铝合金结构，重量有所减轻；其三，尾翼设计为小三角尾翼。三种措施并举，使“东风二号”的射程比“1059”增大了一倍。至此，“东风二号”正式开始研制。

1961年3月，冬去春来，冰雪消融，“东风二号”完成了系统的技术设计。总体和各分系统的设计图纸陆续下厂生产，开始了相关试验。“东风二号”一些重要组合件、部件分别由定点工厂开始试制、生产。5月，“东风二号”从初样生产转入试样生产。5月22日，第一发“东风二号”组装完毕。

对于这发新研制的导弹，大家精心呵护，就像对襁褓中的孩子一样细心。而谢光选因为负责“东风二号”的总体设计，被年轻的设计人员戏称为“东二的妈妈”。对于这种称呼，谢光选一笑了之，并不反驳。对于年轻人，谢光选一直是关心与鼓励的，平易而谦和。有时候，年轻人会大胆地提出一些“非分”要求：“谢副主任，您的烟比我们的好，让我们尝尝您的好烟呗！”“谢副主任，我们加班饿了，要不您请我们吃顿大餐？”

对此，谢光选总是“呵呵”一笑，顺应大家的要求，拿出香烟与大家分享，或掏钱请大家打一次“牙祭”。他知道，这些年轻人工作是努力的，是尽心尽力的，他们是导弹未来的希望……

人到中年，谢光选多了一份沉稳，以更钻研和更严谨的态度对待自己钟爱的事业，但耿直的脾气一直没变，时不时地会在各级会议上放一“炮”。

1962年2月20日，第一发“东风二号”总装测试完毕。2月26日，国防部五院召开“东风二号”首批进场发射动员大会，参加会议的人员众多，群情振奋。“东风二号”完全是由中国人自己完成的，发射在即，大家的心情很是紧张，但更多的是兴奋与激动。在谢光选的心里，还有一种隐隐的担忧……

在总体设计部一次讨论“东风二号”发射成功概率的会议上。大家纷纷表示，发射成功的把握还是比较大的，能有百分之七八十，甚至九十！这话一出来，会场的气氛异常热烈，激情四溢。但谢光选却坚持己见：“我看成功的把握只有百分之五十。”

看到一些人脸上呈现出迷惑不解的神情，谢光选接着说：“我不是泼冷水，这次是我们自己改型设计的导弹，没有经过实践检验，不能太乐观。”

一时间，会场上热烈的气氛被打破了……

2 月 27 日，国防部五院决定再次进行全面综合检查。确认无误后，3 月 4 日，东风二号导弹出厂，运往酒泉基地。一分院派出骨干人员组成试验队，前去参加发射试验。试验队队长是一分院副院长林爽，谢光选作为第一总体设计部副主任参加了试验队。几天的奔波之后，试验队到达酒泉基地。3 月的酒泉，一望无际的戈壁滩，蓝天辽阔，白云朵朵。这里昼热夜冷，早晚温差大，典型的沙漠气候。但谢光选看到，酒泉基地的官兵们却一直能苦中作乐，用乐观的态度坚持完成每一次任务。他们和试验队员们成了亲密无间的朋友，大家心往一处想，劲儿往一处使，目标只有一个：顺利完成发射任务。

3 月 20 日，经过测试，东风二号导弹在发射场竖立起来，笔直地指向蓝天。围绕着这个六层楼高的庞然大物，谢光选和同事们上来下去，下去又上来，反反复复做了多次检查测试，一切迹象表明，导弹正常。

“东风二号”在发射场起竖

3 月 21 日上午 9 点，伴随着人们的期待，飞行试验开始。

不知为什么，谢光选的心里总有种莫名的不安，这种感受与往常紧张里带着自信有所不同，用一个词来形容：忐忑。

这时，令人意想不到的情况发生了！

导弹起飞后几秒，呈现出较大的摆动和滚动，明显地偏离发射面。

发射场上，大家心里，一种不祥的预感慢慢升起……

导弹在起飞 18 秒后，发动机起火，弹体尾部冒烟，接着，发动机关机熄火。21 秒时，导弹失去控制，头部向右倾斜翻转。又飞行了一段时间，在发射后 69 秒时，导弹头朝下坠毁。狠狠地砸在戈壁滩上，发出巨大的爆炸声……

随着一声巨响，在发射台前纵向 68 米、横向 660 米处，沙漠表面被坠落的导弹炸出一个巨大的弹坑，深达 4 米，直径约 22 米。导弹头朝下插入沙地，与地面成 70 度角。

一时之间，谢光选惊呆了，自己的预感应验了……

震惊，心痛！看着导弹炸开的深坑，谢光选的心里难受极了。

“他们说，我是东二的妈妈呀！”

在谢光选的眼里，他是看着“东风二号”这个“孩子”从设计到出生，看着她从零件、部件到总体组装，看着她树立在发射架上……两年的心血，难道换来的就是这个承载了全部寄托的“孩子”的夭折？就是这一声巨响后的漫天烟尘?

开饭时间到了，面对满桌的饭菜，以及发射基地为大家准备的平日难以吃到的罐头，没有人动筷子。大家的心里像被什么东西堵住了似的，憋得难受……在难言的痛苦中，谢光选和同事们度过了一个不眠之夜。

次日凌晨，天气晴朗，阳光明媚。

随着朝阳到来的是国防部五院王秉璋和钱学森两位副院长。中国航天两位领导人惊闻失利的消息后，立即乘专机飞到酒泉。

他们带来的不是批评与指责，而是来自上级领导的安抚和勉励。

钱学森首先转达了聂荣臻副总理的理解与关怀：

既然是试验，就有失败的可能。要总结经验、教训，吃一堑，长一智，以利再战。

随后，钱学森娓娓道来，谈到自己在写出短短的论文之前，草稿有时候能达到很厚、很厚。他安慰大家，科学的道路不是一帆风顺的。

温和的话语，真诚的安慰，使谢光选和同事们的心渐渐安定了下来。

是啊，就像人的一生不可能完美无缺、一帆风顺一样，导弹研制道路不可能是一马平川。有时候，遭遇挫折与失利是必须经历的过程。失利，并不可怕，可怕的是失利后灰心丧气，甚至是一蹶不振、屈从于失败。真正的勇者，能在遭遇失利后坦然面对，勇敢而上，纠正偏差，最后赢得成功。明知山有虎，偏向虎山行——这，才是勇敢！

2. 不足而后静思量

不逃避、不退缩，调整心态、查找原因，是扭转失利的第一步。

国防部五院内部，从上到下都动员了起来：认真思考，查找原因，采取措施。在故障分析会议上，钱学森指出：要从遥测、光测参数中加以分析，找出设计的不足之处，同时要加强地面试验。

1962 年 4 月 5 日，一分院传达了国防部五院会议精神，布置“东风二号”第一次试射工作总结，肯定了两年来的工作成绩，提出要克服悲观、泄气情绪，明确这次总结的目的是改进工作，不是追究个人责任。一分院的总结工作分三个阶段进行：

第一阶段，统一认识，收集资料；

第二阶段，查找原因，提出改进措施；

第三阶段，修改设计。

会议强调，“东风二号”分析工作是当前的首要工作，要集中人员，集中时间，广泛发扬民主，深入调查研究，认真分析，一丝不苟，先己后人，主要干部要到第一线，亲自抓，切实把分析工作做好。

谢光选从总体设计的角度进行了深入思考。他遵照钱学森的指示，组织第一总体设计部与相关单位一起查找原因，分析、回忆设计阶段的问题，查找笔记本和《问题汇编》。沿袭“1059”仿制时期“专家意见不过夜”的做法，在研制“东风二号”时，第一总体设计部形成了“今日事今日毕”的良好作风，当天探讨的问题，当天记录，当天汇报，定期整理成册。在查找设计缺陷时，《问题汇编》派上了大用场。

1962 年 4 月到 6 月，谢光选和同事们是在分析、查找不足中度过的。副主任谢光选和主任屠守锷的办公室只隔了一道墙。工作时间，两个房间的门都敞开着，一会儿谢光选到屠守锷办公室商讨问题，一会儿屠守锷到谢光选办公室研究事项。

尽管窗外春光明媚，百花盛开，但谢光选和同事们无心留恋美景，他的心里始终在思考着型号失利这个大问题。通过近百天的研究，设计人员分析了这次试验的遥测和光测数据，进行了问题再现——航天科学家们认为，只有通过

谢光选和设计人员共同研究修改设计方案

问题再现，才能确认故障所在，才能对症下药、药到病除。

反思以往，在设计之初，部分设计员有一种观点，认为东风二号导弹无非就是东风一号导弹的按比例放大，没什么新鲜的东西。但现在看来，这种放大不是那么简单的事情，放大后的导弹研制还要牵涉其他学科知识，这是设计人员尚未掌握的。诚然，“东风二号”在很大程度上继承了“东风一号”的特点，但无论长度、射程还是其他性能，和“东风一号”相比，差别还是比较大的——绝非前一个型号的简单复制与放大，以前的认识，现在看来，有些不尽严谨。

那么，究竟是什么导致了这次发射的失利呢？五室提供的遥测数据启发了大家的思路。数据显示，在导弹弹体加速度遥测数据中，出现了频率混合叠加现象，也就是说，在正常的频率中夹杂着异常的低频分量，经过分析，其频率在 30 ~ 40 赫兹之间——这与导弹的弹性振动是不是有关系？

这个说法尽管新鲜，但不无道理。谢光选想起了当年在重庆兵工学校听课时，丁观海教授的授课内容。这位著名的学者曾经在课堂上认真地告诉他的学生们：“凡是细长体都要考虑弹性振动问题……高楼要考虑，桥梁要考虑，烟囱要考虑，凡是细长的都要考虑。”

弹性振动是普遍存在的一种现象，是指细长物体在运动过程中，会因为物体长度与粗细的比例（即长细比）而发生运动轨迹的变化，是细长物体飞行的影响因素之一。导弹自然属于细长体。相对于“东风一号”而言，“东风二号”

谢光选与设计人员探讨“东风二号”设计方案

更是又细又长，飞行中就像一根抖动的教鞭，设计中本来是应该考虑的……沿着这个思路，谢光选开始查找数据。他找到一些知名专家请教和商量。有的专家说，这么一个短的导弹，不需要考虑它的固有一、二、三阶振型，也有的专家建议他去查看苏联资料，谢光选按照建议赶到二分院查看控制系统的设计资料，结果没发现相关资料。

经过认真严肃的全面分析和反复试验，5 月 14 日，试验队向国防部五院报送了第一发“东风二号”试验工作的初步总结。谢光选和同事们从技术原因到管理方面的统筹规划，都做了剖析：

一是总体方案设计时，没有将整个弹体作为一个弹性体来考虑……也就是在飞行中，弹体作弹性振动干扰了控制系统，导致导弹飞行失控。二是对发动机加大推力没有作为一个问题认真对待，以致未能及早发现发动机强度不够，造成局部破裂引起着火。

从上述技术报告中可以看出，导弹设计与试验中共存在两个方面的纰漏。按照仿制时期获得的经验来进行型号设计，是远远不够的，必须将导弹作为一个专门、整体的系统来整体审视。不仅如此，在探索导弹设计方法的同时，必须探寻、掌握导弹设计的规律。从统筹兼顾的高度考虑，谢光选和同事们认识到：没有进行充分的地面试验，也是导致失利的一个重要原因。

如果地面试验充分，在试验中暴露出的问题与故障能够及时修正，那么，避免失利并不是不可能的，而设计的失误也会得到纠正。

就是因为没有进行全弹横向振动试验，设计人员不了解导弹的振型，提不出弹体弹性振型的数学模型，导致设计方案在姿态控制系统方面具有一定的盲目性。同时，发动机推力提高了 21%，这在导弹设计中属于较大幅度的提升，但是这么大幅度的提升却没有进行充分的可靠性论证，更没有在地面试验中充分暴露问题，发动机性能没有经过实地考核与验证，就直接发射上天，这也是一个不容忽视的问题！

不仅如此，谢光选和同事们还意识到，导弹是一个由各个分系统组成的复杂系统，其中任何一个分系统失效都可导致整个系统失效，而各个分系统之间

谢光选组织研究改进设计方案

的工作如何才能得到有效的匹配与协调，完全依靠理论分析与计算是不够的，更需要通过大量的地面试验，得出大量的数据，来为导弹设计提供依据与支撑。而这些试验，在“东风二号”研制中却是空白！

与此同时，谢光选和同事们回想起在“东风二号”研制之初，弹体、头部、控制等各个分系统没有开展充分的预先研究。当导弹设计进入方案设计阶段时，原本应该先后进行的总体设计与分系统设计几乎同时进行、齐头并进，这在一定程度上违背了设计规律。

此外，导弹的分系统试验与全弹总装也差不多是同时进行的。姿态控制系统还没有做完各种干扰条件下的仿真试验，就已经交付总装了；发动机还没有证明能够可靠地工作和满足验收条件，就已经装上了导弹。甚至，在导弹完成全弹总装、准备出厂时，发动机的试车还没有完全出结果。

这些工作，都违背了导弹研制的客观规律。查到此处，谢光选和同事们惊出了一身冷汗！

亡羊补牢，未为迟也。

此时的美国，已经在航天技术方面走在了世界前列。那么，美国在这些方面是怎么做的呢？谢光选翻开一本英文版的《宇航工程手册》，认真研究。谢光选一向注重收集英文原版资料，多次来到位于王府井的外文书店，挑选技术书籍，还通过其他渠道收集外文期刊。通过这些英文书籍、杂志，谢光选看到了美国火箭研制的组织架构，看到了外国同行的设计思路与试验项目。他告诉身边的同事："资本主义国家的技术比较成熟，我们一定要学习他们的长处。我看英文书比看中文书更轻松，中文里的文言文我还要想想（是什么意思），英文书我看的更顺。大家应该重视收集外国的资料。"

厚厚的图书，谢光选反复阅读、研究，终于，他从外国书籍中得到启示，找来几个技术骨干，商讨改进的思路与措施。在大家的努力下，一个比较完整的型号研制思路和研制程序提了出来，涉及技术、管理等十六个方面：

（一）切实掌握飞行试验的必备条件。

（二）提高飞行试验的计划性。

（三）按时编制出统一的配套表。

（四）做好实物配套。

（五）做好技术文件配套。

（六）正确掌握总装条件，把好质量关。

（七）做好总装测试的组织工作。

（八）全面、严格、正确地做出全弹质量鉴定，把住飞行试验前的最后一道关口。

（九）一定要把试验对象及其配套设备准备好。

（十）充分做好飞行试验的技术准备。

（十一）周密地做好飞行试验的组织准备。

（十二）采取可靠的飞行试验的安全措施。

（十三）飞行试验由基地统一组织、统一指挥。

（十四）合理分工，认真做好飞行试验的结果分析工作。

（十五）彻底做好技术协调工作。

（十六）严肃制定和执行设计任务书。

数十页的报告，谢光选亲自把关，几度修改、完善。

长长的报告，饱含了谢光选和同事们的心血，写出了中国导弹设计者的深刻认识。遵循研制规律，科学而务实地对待导弹的研制生产及组织管理，是每一个航天人必须认真对待的。全盘考虑，兼顾总体与分系统，才是按研制规律办事，才是明智的科学之举。

在统一认识的基础上，一分院故障分析领导小组先后召开 4 次分析会和 5 次技术专题报告会，提出了修改设计中要解决的几个技术问题，即发动机可靠工作问题、控制系统稳定飞行问题、弹体强度问题、增加能可靠工作的安全自毁装置问题，以及防止火烧尾部问题。确定修改设计的根本点是解决可靠性问题。对于已认识到的问题，逐个采取了相应的改进措施。

这时，作为一名总体设计技术领导，谢光选再次深深感到学习的重要性——只有充分了解各分系统的相关知识，才能做出科学严谨的总体设计。负责总体设计的人员，有必要对可靠性、飞行试验学、概率论、统计学、统计动力学等，都有一定的了解与掌握。于是，在晨昏朝暮的业余时间，谢光选捧起书本，阅读起一本本学术专著，钻研起相关的多个学科——可靠性数学、系统工程可靠性与风险、系统工程研制程序与方法……

经过了最初的心痛之后，谢光选感到自己的责任重大。如何解决这个弹性振动问题，成为他日思夜想的难题。多次讨论后，他和第一总体设计部主任屠守锷、副主任徐兰如一起，尝试着通过计算，寻找解决难题的途径。他们把导弹看成一个变剖面，分成若干个剖面分别计算，由初步设计计算室的同事们将计算方程式画成计算表格。请两个小组的计算员分别用手摇式齿轮计算器计算，得出一、二、三阶导弹弹体弹性振动数据。事实证明，两个小组的计算结果十分接近，这说明，计算并没有差错。后来，这些计算数据又经过了试验，试验结果与计算数据完全吻合。

这种做法极尽烦琐，但效果是明显的，得到了钱学森的赞赏，钱学森鼓励他们继续研究。

三个月后，经过反复模拟试验，终于找到了解决问题的办法，那就是，利用低通电子网路将一、二、三阶振动的波形滤去，留下频率低的绕导弹质心的姿态角波形，经过综合放大后，送到伺服机构，纠正导弹的姿态，使导弹稳定飞行。

在此基础上，一分院的设计人员修改了设计：将原来安放在尾部的仪器舱，上移到酒精箱与液氧箱之间。这一改动，貌似简单，却意义重大。中近程导弹比仿制的“1059”长了3米多，这样放在尾部的仪器舱正好在一次振型的波峰上，导弹在飞行中产生弹性振动，使舵机在弹性振动高频信号作用下造成低频信号的饱和，导致失稳。仪器舱位置上移后，陀螺仪位置处在一次振型的波谷上，这样，对弹体的弹性角运动就不敏感了。与此同时，在系统上对弹性信号滤波，抑制高频信号，至此，弹性振动问题得到了彻底解决。

祸兮福之所倚，福兮祸之所伏，祸福相依，相生相伴。只要冷静睿智，祸与福并不是一成不变的。失败，有时往往是成功的前奏。

春去秋来，寒来暑往。时光飞逝中，谢光选感到自己和同事们在一步步掌握导弹研制规律，也在一步步走向导弹设计的成熟。

3. 工程研制循规律

钱学森认为，系统工程是组织管理系统的规划、研究、设计、制造、试验和使用的科学方法，是一种对所有系统都具有普遍意义的科学方法。1962 年，在钱学森的倡导下，这种管理方法应用到导弹与火箭研制管理之中，被称为航天系统工程的组织管理。

“东风二号”首飞失利，意义是深远的——不仅让燥热的心冷静下来，也让盲目的情绪清醒过来，主要是掌握了弹性振动的规律。更为可贵的是，失利之后的中国航天人在钱学森的倡导下，认识到一个崭新的词汇——系统工程。一种严谨务实的科学态度树立了起来，一种统筹兼顾的管理模式出现在人们的理念中，人们开始从系统工程的角度审视导弹研制这个复杂的大系统。

谢光选不止一次地听到钱学森告诉大家：“系统工程是美国在研制北极星导弹系统中提炼出的一种工程管理方法，比较高效、科学，叫作‘计划协调管理技术’，注重从整体上考虑并解决问题，我们要把这种观念应用到我们的导弹研制管理中来。”

谢光选对钱学森所称道的这种理念细细研究，他发现，系统工程管理的内容包括多个方面，如一切按研制程序办事，建立总设计师系统，正确处理总体与分系统的关系，建立计划调度系统，加强预先研究等。这种先进的模式，让谢光选打开了视野，见识了一个崭新的广阔领域：原来，导弹研制也可以这么科学管理，这简直就是一种艺术！

很快，系统工程管理模式在导弹研制单位全面推广实施。1962 年 5 月，国防部五院制定了中近程导弹研制程序，制订配套的专题计划，实施图表作业（网络图）调度，要求使计划、调度、指挥工作走上正轨。按照系统工程的方法管理，导弹研制与试验进度加快、质量提高、循序渐进、运转高效，而且人、财、物均得到了有效利用。

（1）一切按研制程序办事

导弹型号研制流程是有始有终的，从国家正式下达研制任务开始，到导弹鉴定合格交付使用为止。在此期间，型号研制的科技管理工作千头万绪，时而阶段分明、先后有序，时而交叉重叠、齐头并进。因而，按照系统工程的管理理念，要坚持按型号研制程序办事，实行分阶段管理。

首先，要做好各个局部试验。导弹是由数千个零件、部件组成的，每个零件、部件直到分系统，只有通过严格的单项试验，才允许总装；只有通过从单机到分系统再到全弹、金字塔式的地面试验，才允许进行飞行试验。在前一步试验暴露出来的问题没有彻底解决之前，不允许进入下一步试验。如果某一段试验没有通过，必须修改设计、重新试验，直到通过为止。前一阶段的工作必须成为后续工作的可靠基础，否则，欲速则不达，甚至会造成不应有的损失。

其次，要按照型号研制不同阶段的任务重点，组织研制工作。导弹研制分为方案阶段、初样阶段、试样阶段等，每一阶段重点工作不同。

在方案阶段，型号总设计师及其工作机构——第一总体设计部，要通过多种方案、多种途径的论证、比较，统一设计思想，筛选总体和分系统方案，经过模样验证、必要的试验和理论计算，选择最佳方案，并对型号研制工作做出全面规划部署。总体方案是否正确和达到总体优化，是这个阶段的关键。

在初样和试样阶段，要抓紧技术经济指标的落实，特别注意技术改进和稳定技术状态的关系。初样阶段的任务，是经过各种试验，修改设计，达到技术指标要求，使之成为试样产品。试样在飞行试验前的地面试验要充分。试验工作要坚持由简到繁、循序渐进的原则。先做数学模拟，后做实物模拟；先做局部性能试验，后做综合匹配（相容性）试验。试样产品经过飞行试验证明达到设计指标的，要冻结技术状态，严格控制设计与工艺变动。

只要按程序办事，型号研制工作就进行得顺利。相反，由于方案多变，技术状态反复，研制程序混乱，地面试验不充分，就会造成重大损失，延长研制周期。

再次，部分环节的交叉平行作业也是必需的。小批生产是导弹研制的最后一步，是产品定型或鉴定合格后的小批量生产。在这一步，要根据航天工业产品品种多、批量小的特点，合理组织交叉平行作业，在同一生产线上，有节奏地进行多种生产。生产中要严格实行质量控制，严格遵守工艺规程，保证产品质量的稳定性、一致性。

“我们导弹研制也是有规律可循的”。1962 年 6 月，谢光选体会到了导弹之“道”。他在召集大家学习系统工程理论的时候，与大家探讨着自己的心得体会：

"导弹研制也有自己的规律，应该遵循这种规律，按程序工作，自然能事半功倍。按照规律开展设计修改，按照规律进行试验，一定能成功。"

（2）地面试验要充分

科学研究是严谨而务实的。只有经过充分的科学试验，才能验证导弹设计的正确性，保障零件、部件的质量和导弹研制的质量。谢光选对综合实验室的人员反复强调："咱们这个是实验，是实地验证，验证设计理论的。结果只有两个，理论可行，理论不可行，无论哪一种结果，都是大家的成绩。试验则是带有探索性的、尝试性的，结果可能是多样性的。我们要清楚这些区别，对数据负责。"

在谢光选的领导下，1962 年 11 月，第一总体设计部提出，在导弹飞行试验前，应该进行 4 类 17 项试验，以验证导弹各个方面的指标与性能：

第一类，包括结构静力试验、稳定系统仿真试验等 7 项系统鉴定或验收试验；

第二类，包括弹上测量系统的验收试验、综合测试等 5 项系统与系统之间的协调性综合试验；

第三类，包括全弹试车等 2 项试验；

第四类，包括弹体横向振动特性的测定等 3 项振动试验。

对于这些试验，谢光选强调，要提高认识，充分认清楚这些试验的意义："通过东风二号的故障分析，我们提高了认识，感想很多，地面试验的重要性、数据测量的意义非同小可。我们能提供 50 多个遥测数据，这对导弹研制有很重要的验证意义。当然，试验不可能一次成功，就是要在试验中暴露问题，不能遗漏任何问题。试验需要测量，测量需要数据，为试验配套，测量工作要先行。要从仪器、设备、试验方案、人员操作等几个方面开展工作。"

对于具体工作，谢光选也给出了较为详尽的意见，要求各项地面试验一定要按程序办事，不能随意改动："实验室应该按照型号要求的遥测参数表，开展遥测设计，安排参数测量工作。要盘点一下哪些传感器我们已经有了，哪些还需要研制。要主动多联系其他部门，不能不好意思……按程序办事，这是一定的……"

1962年和1963年两个年度里，谢光选是在忙碌与奔走中度过的。忙碌于导弹研制的工作部署，忙碌于设计文件的把关处理，忙碌于地面试验全面设计的业务调整与宏观把握。与此同时，谢光选赶到远在长辛店的101试验站，商讨试车台的设计与建筑事宜；来到发动机研究所，与任新民老师一起研究发动机的性能提升问题；赶到控制研究所，与梁思礼主任一起研究弹性振动的解决之道……谢光选专心工作，推动型号研制各项工作的迅速发展，风雨无阻，马不停蹄。

一次，身边的同事看到，每次开会或与人探讨业务时，谢光选总是手捧一个厚厚的笔记本，或在上面奋笔疾书地记录着什么，或打开笔记本与人侃侃而谈。有人好奇地问："谢主任，您这大厚本里记的都是什么呀？"

谢光选打开笔记本："也没啥，都是些资料和数据。都是平时用得着的东西。"

结果大家一看，各种设计要求、各种试验要求、各种协作厂家的数据、各种导弹试验的参数要求、会议讨论的结果，笔记本上记得清清楚楚。在其中一页，记载着谢光选颇为随意的字体：

建设全弹试车台和全弹振动试验塔、提出设计任务和要求，提出具体的参数和产品参数……

大家心里暗暗佩服：谢主任记得真细，看得真远！

很多时候，测试组晚上加班进行试验，谢光选并不参与，但他告诉科技人员："我在办公室，看会儿书，你们有事情的话就来找我。"

一次，晚上八点多，谢光选推开测试组的门，看到大家正在忙碌，说道："你们吃饭去吧，先吃饭再工作，别饿坏了。"

大家乐了，几个人笑着回答："谢主任，我们都吃过饭了。""是不是您没吃饭哪？"

谢光选也笑了，可不是吗！拿起书本，自己觉得没多长时间，结果放下书本一看，都八点多了。

尽管在生活中比较随和，但工作中的谢光选认真而严谨。按照他的部署，第一总体设计部提出了全弹系留试车台和全弹振动试验塔的设计任务书，包括试验目的、各种性能参数、台塔高度等。

导弹在发射时或在飞行中，由于内部工作或外部环境受点火、分离、振动、噪声、气动力等各种形式的动力干扰，会产生各种振动问题。为保证导弹飞行可靠，只凭借理论计算和数学模拟计算是远远不够的，必须在振动塔上进行全弹振动试验，以充分暴露问题，获得数据，进而采取措施，解决导弹飞行稳定和动力强度问题。一分院第一座全弹振动塔高 31.5 米，是一个多层钢结构的建筑。

1963 年年初，大地还没有解冻，试验塔建设就开始了。为加固地基，从 2 月 27 日开始，用了 20 多天的时间打桩 90 根。3 月 23 日，振动塔破土动工。建筑、安装单位和金属结构厂大力协同，全力以赴，于当年 12 月 16 日竣工验收。1964 年 1 月，试验塔投入使用。

全系统地面试验是导弹研制工作进展到后期的一项大型试验。导弹各分系统经过一系列试验合格之后，还需要考核整个系统的可靠性。全弹试车就是将各分系统的部件组装起来，按飞行程序进行试验，考验各系统工作的可靠性和协调性，以便暴露某些预想不到的问题，为飞行试验做最后的检查。

全弹试车台主体工程是零标高以下 5 层、整体浇注的钢筋混凝土结构。在它的前面有两根高 33 米的钢筋混凝土斜柱，支撑着 30 米高的铁塔。5 层建筑内有推进剂系统、控制系统、水平测试及垂直测试等 22 个工作系统。铁塔顶端有一台 15 吨的悬臂吊车，塔下对着 33 米深的导流槽，试车台主体上下标高差 63 米。

1962 年 6 月，试车台被列为抢建工程。9 月，完成主体土建工程。1963 年 3 月，台上 22 个系统安装完毕，进行分系统调试和联试。从 6 月 7 日开始，先后用 1059 导弹进行多次冷试车和两次热试车。10 月 7 日，结束验收工作，试车台具备了全弹试车的条件。

从 1963 年 11 月开始，先后进行了 5 次全弹试车（包括全程大推力检验性全弹试车）。1964 年 4 月 17 日，又进行一次补充性全弹全程大推力试车。试验表明：动力系统、控制系统、遥测系统在模拟全程大推力剧烈振动条件下，均能可靠地工作，于是决定将发动机装弹，参加飞行试验。5 月 14 日至 30 日，

1964年4月18日，东风二号导弹出厂前最后一次全弹试车成功后留影
（左起：谢光选、梁守槃、刘川诗、屠守锷等）

又在全弹振动试验塔上进行全弹闭合回路试验，检查了稳定系统的稳定性和稳定裕度，测得了结构振动特性参数。

1963 年 3 月，一分院重点讨论了东风二号导弹 5 条集合线（综合试验、齐套、总装、合练和发射时间）的落实问题。会议认为，一分院的任务艰巨，周期短，某些技术尚未过关，强调要搞好 5 抓：抓思想，不断提高全体人员的积极性和责任感；抓质量，严格把好质量关；抓协作，确保全弹按时齐套；抓调度，迅速切实解决问题；抓技安，严防发生事故。

发现规律，认识规律，掌握规律，是科学研究的一条捷径。在工作中，谢光选感到系统工程的威力巨大。他由衷地说："中国航天最大的成就之一就是系统工程。这一点，值得其他部门学习。"

4. 班组建设严作风

在担任五室主任的时候，谢光选和室里九个组的组长经常交流、互动。他知道，班组长虽然不算什么"官职"，却都是导弹研制各个专业的技术尖子，是导弹研制事业的关键所在。对于管理而言，面面俱到与重点突出是相辅相成的。无论工作还是生活，谢光选都比较关注这些业务骨干。在一次闲谈中，他对身边的班组长说："你们是咱们室的业务骨干，一定要好好干。我没时间管你们的婚姻大事，但是你们结婚一定要通知我，我给你们每人买了一对枕套，到时候送给你们。”

一起开会的班组长们都乐了。一次购买了 9 对枕套，谢主任的作风果然与众不同。

在担任第一总体设计部副主任之后，谢光选仍然把部分精力投入到班组建设之中。在与班组长相处中，谢光选主动与大家交朋友，以心换心，交流思想，关心工作和生活，尽可能地帮助解决个人的实际困难与问题。在涉及个人名与利，比如立功、评先进、涨工资时，力主优先考虑科技人员，先群众，后干部。

1962 年秋，五室遥测组的一位组长忽然发现自己的工资涨了 20 多元，“这是怎么回事？”带着疑惑，他一级一级地询问，最后得知是谢光选副主任提名的结果。来到谢光选办公室，这位组长有些不好意思地说：“谢主任，怎么单独给我涨工资了？退回去吧……”

谢光选微笑着回答：“你坐下，我们研究了，过去你的工资比较低，所以决定给你涨工资。我这么做是有政策依据的，上级规定，工作成绩或学习突出的可以涨工资，你是符合条件的，我就推荐了你，好好干！”

尽管谢光选平时不爱多说话，但这一席话，让这位组长心里热乎乎的……

在工作中，谢光选一直注重发扬技术民主。在技术工作中，他提倡充分发表各自的意见和建议，大家可以畅所欲言。但是，定下来的事情，就要坚决执行，自己如有不同意见，可以保留，但要以大局为重，协同作战。

谢光选和第一总体设计部主任屠守锷一起，制定了选拔班组长的标准：一是技术尖，二是会领导。技术尖是首要条件。俗话说，强将手下无弱兵。有什么样的班组长就会带出什么样的兵。一个技术上有远见、有专长的人往往能带领一个班组很好地开展工作，出成果、出人才。而领导也是一门艺术，会领导的班组长能很好地搭配组内的人力资源，保障工作的有效开展。这个标准制定之后，向部里全体人员公布，使人人皆知，鼓励大家积极上进。

一枝独秀不是春，百花齐放春满园。谢光选认为，自己不可能在各个专业领域里都是专家，但作为基层领导，就要有一双“慧眼”，能从纷繁芜杂的事件中理出头绪，能在千头万绪中把握关键，能在关键技术的研究中指明方向，能高屋建瓴，能一路引领，能保驾护航。按照他自己的理论来说，第一总体设计部主任应该是“不管部”部长——下面分工明确，责任清楚，各司其职，自然就不用主任事事处处劳神费力、事必躬亲了。

1961 年 9 月的一天，谢光选被一位副院长叫去责备了一番。原来，第一总体设计部的一位技术人员在与外单位进行技术协调时，态度有些傲慢，口气有些自大，惹得外单位领导甚为不满，告状到了院里。院领导明确指示，要谢光选整顿工作作风。

回到部里，谢光选召集班组长开会，传达了上级意见，要求大家重视对外协作中的态度。他说：“我们不能在协作中摆架子，给脸子，不能张口闭口就是‘我们部规定’……”，“不能不让人提意见，更不能要求对方无条件执行。我们都是兄弟单位，要尊重人家，要跟人家交底。”

尽管话语比较严厉，但是在会上，谢光选没有提及这位同事的姓名，而是在会后找到这位技术人员，问清缘由，提出改进要求。

鉴于此，第一总体设计部领导制定了对外协作的十二字方针：“谦虚、信赖、交底、讲理、主动、负责”，并要求把这十二个字切实落实到各项工作中，始终贯彻执行。

在一分院，第一总体设计部和其他单位在技术上是总体与分系统的关系。第一总体设计部提出总体要求，分系统作为基础支撑。总体设计要以分系统设计为基础，充分地了解分系统的情况和实现的可能性；分系统设计要以总体要求为依据，尽可能满足总体设计指标，以便总体设计时整体优化和保证整个型号研制的进度。研制程序中的每一个阶段，都是总体与分系统设计往返的过程，也是一个综合分析、修改协调的过程。

在工作联系中，第一总体设计部自然占据了技术组织与技术领导地位。但谢光选认为，不能因为技术方面的组织工作就形成第一总体设计部“高人一等”的心理。在各级会议上，谢光选一再与大家谈及此问题：“无论从事何种工作，都是为了导弹与运载火箭的研制，都是型号不可缺少的组成部分，从事任何工作的人，都是值得尊敬的。在与他们的交往中，一定要保持谦虚的态度，信赖、交底，遇到问题主动交流，说清楚道理。”

谢光选认为，在某种程度上，中国传统的道德标准——仁、义、礼、智、信，在总体设计中都应该得到体现。

谢光选强调，不仅对外要协调好，在第一总体设计部内部，也要树立良好的工作作风。从 1962 年下半年开始，树立良好的工作作风，成为谢光选考虑的工作内容之一。

总体设计在型号研制中的地位比较独特，统揽全局，总体布阵，自然就要心界高远、眼界开阔。总体设计人员不仅要通过各种方式掌握领域内的最新技术，同时还必须有一个好的作风——“严肃、严格、严密”，以提高总体设计的质量。严肃的不仅仅是工作态度，严格的不仅仅是工作纪律，严密的不仅仅是设计要求，整体上，导弹与运载火箭的研制需要用心去认真完成，并持之以恒，形成一种良好的工作作风。

这些作风源自工作实际，是由具体工作经验与体会凝练而成的。实践证明，良好的作风有利于保证总体设计质量，有利于总体与分系统及其他协作单位之间建立友好协作的关系。

20 世纪 60 年代的一分院第一总体设计部，在屠守锷和谢光选等人的领导下，呈现出一派欣欣向荣的景象。

谢光选

谢光选院士传记

Academician Xie Guangxuan's Biography

第八章

迎难而上强国梦

压力大，型号研制和发射都是大事，尤其是“两弹”结合，我是“两弹”结合技术协调组组长，发射的时候很紧张，汗流浃背……

——谢光选

1. 圆满成功又增程

中国有句老话，失败是成功之母。没有永远的顺风顺水，只有经历挫折后的痛定思痛、迎难而上，才能走上正确的道路。东风二号导弹的研制便是如此。

经过两年的修改设计，1964 年 5 月，“东风二号”总装测试完毕。5 月 25 日，导弹运往酒泉基地。谢光选带着第一总体设计部 30 多位同事，一同踏上了专列。

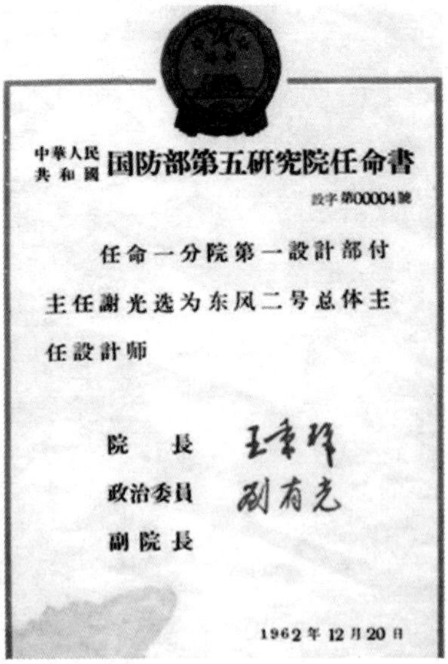
中華人民共和國 国防部第五研究院任命書

設字第00004號

任命一分院第一設計部付主任謝光选为东风二号总体主任設計師

院長 王秉璋

政治委員 刘有光

副院長

1962年12月20日

谢光选任“东风二号”总体主任设计师任命书

1964 年 6 月 29 日，一个看似平常的日子，酒泉基地迎来了一个来之不易的成功时刻。

东风二号导弹成功点火，一飞冲天！

仰望着飞腾而起的导弹，谢光选面色沉稳，已经没有了当初的忐忑不安。他相信，努力不会白费。但下意识之中，谢光选咬紧了牙关……

在试验队员期待的目光中，"东风二号"腾空而起，直逼蓝天！遥测数据表明，导弹按预定程序飞行，弹头准确命中目标区，精度符合要求。

东风二号导弹发射圆满成功了！

所有紧张的心情一下子得到了彻底放松，喜悦洋溢在每个人的脸上……

随后，7 月 9 日、7 月 11 日，"东风二号"连续两次发射，都获得了成功。9 月至 10 月间，又连续

蓄势待发的"东风二号"

1964年6月，东风二号导弹在全国工业新产品展览馆展出

进行了5次发射，次次成功！八枚导弹，八次成功。不言而喻，修改后的东风二号导弹的设计方案是正确的，各系统工作是协调的，生产质量是优良的。

中国，终于有了自己研制的战略导弹！

在谢光选的眼里，“东风二号”首发是一次“完美”的失利。对于“东风二号”发射的这段历程，谢光选颇有一番自己的体会：“‘东风二号’是在仿制之后的改型设计，展现的是中国航天人的智慧。首发失利也是非常有价值的，几乎可以称得上是‘完美’的失利。这不仅锻炼与培养了导弹研制队伍，还初步掌握了独立研制的规律，而且这种失利，暴露出我们年轻的设计、研制队伍在方方面面的弱点与不足。”

经历了失利与成功，谢光选的心智与胆识得到充分的锻炼。他深刻地体会到，失利并不可怕，也没什么了不起，只要认真对待，完全可以把坏事变为好事。中国年轻的导弹研制人员，完全可以凭借自己的勤劳与智慧，踏平坎坷，铸就成功，在经历种种波折后，开辟一片新天地。

“东风二号甲”出厂

在谢光选的眼里，导弹就是他最乐于倾注心血的事业，是他寄托无限希望的国防大业。伴随着这项事业的艰难起步，伴随着其成熟与成长，谢光选呕心沥血，但乐在其中！他感受到了导弹设计与研制中的苦与乐，领悟到了导弹研制的程序与规律，体会到了在枯燥的设计中展现报国情怀的豪迈。

1964 年 11 月，国防部五院明确了下一步的工作方向：“东风二号”增大射程，发动机推力提高到 446 千牛，比冲提高到 2185 米 / 秒，采用全惯性制导方案，工作时间仍为 125 秒。此型号被命名为“东风二号甲”。

如何在“东风二号”的基础上，按照上级要求进行“爬高”？谢光选组织第一总体设计部人员开始总体设计。相对于“东风二号”而言，“东风二号甲”的不同之处，是发动机增大了推力，增加了全弹液氧自动补加装置。第一总体设计部制定了发动机的指标参数，提出了比冲、推力及可靠性指标，下达给发动机研究室。要求增加试车次数，在规定的推力之外，要做超过规定的大推力试车，进一步检验发动机的性能。液氧自动补加系统的原理性试验是第一总体设计部自己完成的，但系统试验则需要在试验站进行，由第一总体设计部提出性能、参数等。

1964 年 10 月至 11 月，“东风二号甲”发动机连续 8 次通过了长程可靠性试车。1965 年 4 月到 7 月，完成了 4 次发动机的交付验收试车，6 月 17 日进行了大推力试车。这些试验都证明，发动机能满足设计要求，在高、低温极限条件下能正常工作，发动机推力已稳定达到 446 千牛的水平。而试验站在较短时间内建造出符合标准的大功率控制台，能开展新型导弹的试车。

谢光选懂得这些成绩来之不易，这些成绩的背后，是研制者们夜以继日的付出。与第一总体设计部的人员一样，他们对于国防大业，都有着一颗火热的心。

“东风二号甲”还有一个比较大的改进，是采用全惯性制导方案，割掉了一个大“尾巴”。

“尾巴”指的是东风二号导弹控制系统中，横偏校正系统采用的无线电方案。导弹在天上飞，发射阵地后方则配备了方圆几十千米的阵地，活似导弹留在地面上的“大尾巴”。当导弹改变发射方向时，后方这条“大尾巴”也要随之摆动。这种带着“尾巴”的工作方式，占据的地面要大，对地形的要求也苛刻，假若真要用在实际战争中，肯定不够灵活。更致命的是，这种带着“大尾巴”的方案容易被敌方侦察而暴露，更容易受到敌方干扰。

对于导弹的“大尾巴”，使用部队提出，能否改变这种方式？谢光选组织人员开展技术讨论。有人提出，可以采取一种横向坐标方案，取代“尾巴”，消除弊端。具体做法是在导弹上增加一块横向加速度表，同时利用纵向加速度表和垂直陀螺仪的偏航角输出，经过简单计算就可以得到导弹的横向速度，通过姿态控制系统的偏航波道来控制导弹的横向速度和落点的横向偏差。

这种思路不错，谢光选眼前一亮！

从总体角度考虑，这种方案简单直接，一经采用，得到普遍认可。此后，导弹控制系统采用全惯性制导的做法一直沿用下来，并全部采用了最新设计，安装了最新装置。

“东风二号甲”焕然一新，再踏征程！1965 年 11 月，“东风二号甲”首次飞行试验，一举成功。

2. “两弹”结合堪大任

国防大业，卫家护国。在步入导弹事业之初，谢光选就清楚，自己所从事的工作对于国家而言，意义非凡，不仅是发展尖端科技，也不仅是以点带面地带动各个行业的发展，更重要的是国防实力的增强，铸就的是卫国神剑！

随着当代科技的迅猛发展，核武器出现在世界舞台。当某些超级大国在这方面取得一些成就之时，中国也开始了在这方面的努力与拼搏。在东风二号导弹开始“爬高”增程的同时，1964 年 10 月 16 日原子弹试验成功之前，“两弹”结合的筹备工作已经在动员与部署之中。

“两弹”结合是现代尖端科技的综合运用，是把原子弹装在导弹上发射的技术，两者结合不仅是如虎添翼，更是一柄卫国利器！

但使龙城飞将在，不教胡马度阴山。

——“两弹”结合的国防利器，足以称得上是当代的“龙城飞将”！

而这发利器的诞生，倾注了无数人的心血！

专家们认为，“两弹”结合就好比是一个“啰唆汉”娶了一个“娇小姐”，必须慎重行事——导弹这个高大威猛的“大汉”要在起飞前进行起竖、粗瞄、垂直测试、火工品安装、加注、精确瞄准等一系列“啰唆事”。而原子弹这位“娇小姐”有一系列的特点，怕热、怕冷、怕潮、怕振动、怕过载、怕冲击、怕静电、怕雷电，娇贵得几乎不食人间烟火。要把两者很好地结合起来，需要下一番功夫。而导弹和原子弹虽然都是尖端技术，但隶属于两个不同的核心机密部门，属于不同的科学范畴，需要双方接触，增进了解，实现技术衔接。

1963 年 11 月，谢光选带领第一总体设计部部分人员参加了双方情况交流会。会上，两个单位彼此介绍了工作程序及具体内容。谢光选明确表示："原子弹是导弹上娇气的乘客，应该小型化，重量和体积都要有严格的要求。我们的导弹也要精益求精，做出相应的技术改进。"

1964 年 4 月，双方再次协商，明确了原子弹在弹头内安装的要求和基本参数。此间，提到了"两弹"结合的重点，即导弹弹头和原子弹的结合，这是"两弹"结合的重中之重。来自第一总体设计部的设计人员给出具体的设计思路："按照我们的设计，要在弹头内设置密封舱，把原子弹密封起来，达到减震、缓冲的要求，密封舱内有空调，将温度和湿度保持在一定的幅度之内，为'娇小姐'提供最佳的环境。同时，'娇小姐'也要加强身体锻炼，能承受导弹飞行中不可避免的振动等条件。"

1964 年 9 月，上级决定由二机部和国防部五院共同组织论证组，由国防部五院牵头，具体工作由一分院第一总体设计部负责。重任，再一次落在了谢光选和同事们的身上。

面对前所未有的情况，谢光选组织大家开展技术研讨，应该怎么开展设计工作？会上，谢光选传达了上级的指示精神：“周恩来总理对我们的工作有指示，说如果在自己的国土上发生核爆炸，那就是对人民犯罪。安全是压倒一切的首要问题。”

围绕安全、质量，大家纷纷发言，建言献策。根据此时的情报资料，美国选择的是核弹高空爆炸方式，选择在碧波荡漾的太平洋海域上进行导弹核武器飞行试验，稳妥安全。中国没有海上测量条件，无法开展海上试验，只能在本土进行。而导弹的发射点是酒泉基地，落区是罗布泊试验区，这两点是固定不变的。在此前提下，导弹飞行的路线几乎没有多余的选择。

谢光选对总体设计人员提出要求，必须对安全工作做出多重设计，以最大限度地保障绝对可靠。经过考察，设计人员发现，导弹飞行区域大多人烟稀少，只有甘肃红柳园居住的人比较多。这里是导弹飞行的必经之路，该地区的人员需要不需要撤离？

谢光选与设计人员商量：“红柳园地区有5万居民，假若真的撤离，男女老少，柴米油盐，怎么办呢？困难重重啊！假如不撤离，危险会有多大？你们算一下吧，出事的概率是多少？”

总体设计组组长魏其勇带领本组人员经过反复演算，得出的结论是：导弹落到红柳园地区的概率是十万分之六。这么小的概率说明，红柳园的安全基本上有保障，谢光选悬着的心稍稍安定了下来。

在总体设计上，魏其勇和同事们提出了多重安全防护措施，谢光选对此进行了严格把关，力争做到周到细致。1964年12月，这份包含着总体设计人员的试验大纲“出炉”了。在这份大纲里，安全措施处处可见。首先是设计程序上注重安全，增加了两个保险，保证导弹在起飞前和关机前两个环节一定不发生爆炸。其次，在试验顺序上注重安全，逐步“加码”。东风二号甲导弹拟生产五发，第一、二发导弹做引信爆炸高度试验，让导弹在天空炸毁，验证安全系统的可靠性；第三发导弹做安全指令试验，导弹携带核弹头发射，但不实施核爆炸，以验证导弹与原子弹结合的协调性，即冷试验；第四发导弹运载原子弹按计划飞行，到达目标上空，在一定高度实施核爆炸，这是真正的“两弹”结合试验，即热试验；第五发导弹做为备份。

这份经过缜密思考的试验大纲得到了上级认可，“两弹”结合工作有了实质性进展。

1966 年 3 月，谢光选被任命为“两弹”结合技术协调组组长。此时，一系列冷试验开展顺利，导弹装载着模拟弹头进行振动和冲击试验、静力试验、噪声试验以及运输试验等十多项试验。热试验也提上日程，导弹头部外形尺寸和头部加温系统的技术协调等工作即将展开。肩负这种重担，谢光选心里的压力，不言而喻，但面对挑战，他并不畏惧——有上级的鼎力支持，有坚实的技术基础，有肯于拼搏的团队，谢光选有信心！

对于“两弹”结合工作，大家都鼎力支持。确保质量成为设计人员和工人师傅选择零件、部件的基本标准，大家的看法是一致的，要挑选最好的仪器和组件，用到“两弹”结合上！

在这种严格要求之下，导弹产品的质量是过硬的。组装后的导弹，无论是在工厂和技术阵地测试，还是在发射前测试，都没有发现任何问题。上万的零件、组件，几番测试，无一出错，这在一般情况下是不多见的。

以安全为第一要求，“两弹”结合工作紧锣密鼓地进行着。

设计人员不仅注重导弹飞行各个环节的安全，对发射现场的安全问题也做了详尽的设想与预案。假如原子弹在发射场意外爆炸，则每三人乘坐一辆车，迎着风逆向飞驰，车里装备有防护服、防护面具等全套装备，以及三天的备用口粮。而防护服的口袋里还放置了一个方形的辐射计量盒，用来测量通过核辐射区时的辐射指数。

发射基地的官兵们十分配合，提供了六辆基地最好的汽车——北京吉普，供最后撤离的设计人员使用。同时派出官兵组织开展安全培训，给设计人员传授安全防护的基本技能。

1966 年 10 月中旬，在基地发射准备告一段落后，谢光选跟随钱学森等人返回北京，向党和国家领导人汇报“两弹”结合准备情况。

山明水净夜来霜，数树深红出浅黄。

金秋的北京，天清气爽，层林尽染。谢光选没有时间去欣赏秋天的明艳，而是一门心思想着工作、工作。

10 月 19 日晚，北京人民大会堂福建厅，灯光灿烂。“两弹”结合工作汇报会在这里召开。

会议由周恩来总理主持。周总理在听完“两弹”结合准备工作汇报后，在讲话中指出，“两弹”结合工作要坚持一个方针：严肃认真、周到细致、稳妥可靠、万无一失。

短短十六个字，提出了严格要求，寄予了深厚的期待与嘱托。

就在周总理讲完话不久，并不起眼的谢光选举起了手，认真地说道：“万无一失？我做不到。”

一时之间，大家把目光都集中在这个略显冒失的中年工程师身上。

这举动似乎有些冒失，但谢光选认为，“万无一失”对于导弹发射几乎是不可能的。导弹飞行试验失利一般有两种可能，一是技术水平不高，出现方案性、原理性失误，这种失误是科学研制中难以避免的；二是人为原因造成的失利，只要给予足够的认真与仔细，是能够避免的。而“万无一失”则要求，不管何种原因，成功的概率必须达到百分之百，不允许出现一丝一毫的失误，这在科学研究中是无法实现的。

见到这么“钻牛角尖”的一线科研人员，周总理笑了，解释说：“什么叫万无一失？只要你们把能想到的问题都想到了，能做到的都做到了，能够发现的问题都找到了，就是做到了万无一失。如果客观条件不具备，我们还有没认识到的问题，属于吃一堑长一智的问题……”

原来如此！谢光选悬着的心悄悄放了下来。

其实，作为总理，周恩来的顾虑不无道理。这次试验，导弹要装载着原子弹飞过甘肃红柳园上空，而那里居住着 5 万居民。事关百姓安危，人命关天，总理怎能不挂心呢？

谢光选等人告诉周总理，经过精确计算，导弹坠落到甘肃红柳园的概率是十万分之六。用钱学森的话说：“飞行失误落入红柳园的概率为十万分之六，其安全程度比总理乘坐荷兰皇家航空公司的飞机，去非洲十国访问的安全性还高。国际上飞机失事率为万分之一……红柳园是安全的……”

周总理轻轻颔首，终于放心了。

经过这么一个小插曲，谢光选的心里却又压下了一块大石头，四个字在心中反复出现：万无一失、万无一失……

1966 年 10 月 27 日凌晨，酒泉基地，清冷的秋风里，东风二号甲导弹静静地竖立着。围绕着导弹，试验队员们沿着梯子爬上爬下，反复进行着发射阵地的综合测试，导弹进行了最后加注、瞄准和射前检查。

上午 9 点 0 分 10 秒，一声“点火”令下。刹那间，大地轰鸣，震天动地。导弹托举起核弹头，尾部喷着浓烈的火焰，像一条巨龙腾空而起，向空中疾飞而去，直冲蓝天。

现场所有人的心，无一例外，都紧紧地揪在一起。

而此时的谢光选，由于连续作战，精神高度紧张，尽管身穿皮衣，仍感到后背直冒冷汗，甚至有一种透不过气的感觉……

“两弹”结合试验成功后，七机部全体参试人员合影（前排右四：谢光选）

在等待结果的短短几分钟里，谢光选的感觉：度“分”如年!

9点9分14秒，从弹着区传来消息：导弹命中目标，实现核爆炸。

现场立即欢声四起，额手相庆!

谢光选也是兴奋异常，心里的石头终于落了地……

罗布泊戈壁滩上空，升起了巨大的蘑菇云。中国继美、苏、英、法之后，成为世界上第五个能够用自己的导弹发射核武器的国家。就在这一天，新华社向全世界发表了一条不寻常的消息。

新华社十月二十七日讯　新闻公报

1966年10月27日，中国在本国的国土上空，成功地进行了导弹核武器的试验，导弹飞行正常，核弹头在它预定的距离，精确地命中目标，实现核爆炸。

……

我们再一次郑重宣布，在任何时候、任何情况下，中国进行必要而有限制的核试验，发展核武器，完全是为了防御，其最终目的就是为了消灭核武器。我们再一次郑重宣布，在任何时候、任何情况下，中国都不会首先使用核武器。

新闻公报中提到的“精确”，谢光选解释说，就是精确到八分之一的公算偏差。

从第一次核爆炸到小型化核弹头，美国用了13年（1945年—1958年）、苏联用了6年（1949年—1955年）。而中国，只用了两年，用了不足美国六分之一的时间，也只是苏联研制时间的三分之一。谢光选家中一直保存着一张发黄的《人民日报》号外，上面的日期是1966年10月27日，星期四……

在每一次发射后成熟，在每一次经历后成长，似乎成为谢光选的心路历程。走过这一段峥嵘岁月，谢光选感觉到，无论在研制技术上，还是心理素质上，自己都得到了极大的锻炼，能够以更沉稳的心态对待事物。私下里，谢光选有一点感慨："搞导弹的，经风沐雨，成败荣辱，跌宕起伏，还真不是心理素质一般的人能应付得了的，还真的有点大将风度呢！"

3. 以忠代孝慰慈颜

由于"两弹"结合等工作属于国家机密，谢光选不能把工作内容告诉家人，只是简单地说自己在"造炮弹"。家人只知道这位"造炮弹"的工程师早早离家，很晚归来，日复一日，年复一年。而作为儿子，谢光选对于自己的母亲很尊敬和孝顺。幼小之时，母亲的朴实与温和，是他最难以忘怀的。调入北京之后，谢光选感觉生活稳定了，就把远在重庆的母亲接过来，在京郊南苑一起生活。

此时的谢母已经步入晚年。曾经的县令千金，曾经的谢家大院的当家人，而今随着岁月的流逝，鬓发已苍，容颜已老。乍到北京，老人的心里有一些生疏，但看着儿子一家五口，孝顺的儿子，贤惠的儿媳，三个或淘气或乖巧的孩子，老人的心里有说不出的高兴。对待家里请来的阿姨郑女士，谢母也一直很尊重，不把她当外人看待。

不仅谢光选夫妇对老人尊敬，三个孩子对奶奶也充满敬爱之情。孩子们发现，奶奶几乎没着过急、发过火。看到孩子们的衣服脏了，奶奶总是不言不语，找出一套干净衣服，叠得整整齐齐，放在他们的枕头上。等孩子们睡觉上床一看，哟，有干净衣服，再一看自己的衣服，哦，明白了，该换衣服了。

有一次，小孙子谢刚问奶奶："奶奶，您怎么不直接告诉我们该换衣服了呢，说句话不就得了吗？"

奶奶慈祥地抚摸着孙子的小脑袋，温和地回答："既然我做了，又何必要说呢！"

谢刚似懂非懂地点点头。

谢光选母亲郑寿薇

孩子们还发现，奶奶会写毛笔字。有时候，奶奶拿起笔来，一笔一画地认真写字，写的字还挺秀气。

为了让母亲散心，谢光选夫妇带着母亲和孩子，一起去颐和园游玩。在湖光山色间漫步、穿行，在雕梁画栋里徜徉、徘徊，一家人其乐融融。

出游的机会实在是太少了，但谢母从不埋怨。她看到儿子日日早出晚归，看到儿媳天天兢兢业业，她理解孩子们的敬业与钻研。

谢母发现，儿子不仅是单位里的业务骨干，也是家里称职的“维修工”，有好多事情他都是自己动手。墙皮掉了，儿子不吭声，找出工具刷补好；钟表坏了，儿子不言语，拿出工具，拆开钟表，再组装，一试，好了；录音机、收音机坏了，儿子自己修；下水管堵塞，儿子自己通；家具颜色陈旧，儿子自己买来油漆动手刷。

在谢刚的眼里，爸爸很是能干！而谢光选却不以为然：“这有什么呀！学工科的都这样，喜欢自己动手。”

对于技术，谢母懂得不多，但看到儿子辛勤学习的身影，看到儿子早出晚归的忙碌，她的心里很欣慰：“这个儿子，争气、能干啊！”

就在谢光选参加“两弹”结合的时候，年事已高的谢母病重入院。这位辛苦操劳了一辈子的老人身卧病榻，命在旦夕。

此时，谢光选却在千里之外奔忙……

1966年10月，趁着回京汇报的机会，谢光选匆匆赶往医院，见到了病中的母亲。可是，相聚的时间是那么短暂，还没有足够的时间真切地安慰一下年迈的母亲，没来得及为母亲细细梳理疏落的白发，谢光选就接到了返回发射基地的命令。

在依依不舍中，在痛苦与坚忍中，谢光选离开病榻，离开北京，踏上了返回基地的飞机……

然而，当发射成功、载誉归来时，母亲已经不在人世了……

久久凝望着母亲的照片，谢光选悲痛欲绝。记忆里，那个勤勉持家的谢家主妇，那个生养自己、恩重如山的娘亲，就这么永远地离开了自己……谢光选永远难以忘记母亲那慈祥的面庞，难以忘记她润物无声的教育方式，难以忘记她端庄的一手蝇头小楷……

自古忠孝难两全。

擦干眼泪，谢光选知道，自己的路还要坚强地走下去，只有这样，才能告慰母亲的在天之灵，才能让在天堂的母亲安心……

4.六口之家儿女全

不仅仅是第一总体设计部的带头人，谢光选身上，还担负着儿子、丈夫、父亲等多个角色。

随着谢光选调到北京，妻子吉珍谦从医学院毕业后，也来到北京工作，在北京宣武医院担任妇科医师。大儿子谢书毅、小儿子谢刚来到了京郊南苑，在这里上学读书。按照夫妻俩以前商量的结果，谢书毅还是全托，吃住在幼儿园。而谢刚则由住家的阿姨照料。请来的阿姨比谢光选年长几岁，名叫郑翠梅，是一位勤劳朴实的农村妇女。

1960年6月，谢光选唯一的女儿降临人世。望着这个“咿咿呀呀”、纯净

20世纪60年代，谢光选全家合影

可爱的小生命，谢光选心里很欣慰，为她取名：谢红。虽然每天工作很忙，但回家看到这几个可爱的孩子，哪怕摸一下沉睡中孩子的小脑袋，看一眼孩子沉睡时纯净的小脸蛋，身为人父的谢光选有一种很知足的幸福感。

谢红 5 岁时，发生了一起“失踪”事件。

那是 1965 年 11 月，忙碌的谢光选在基地出差，妻子则参加了赶赴外地的医疗队。5 岁的小谢红白天上幼儿园，晚上由阿姨接回家照顾。一次，阿姨进城办事，把接孩子的事情托付给他人。当阿姨晚上回家时，发现小姑娘没在家，四处打听，不见人影！

阿姨吓坏了，赶快找到谢光选的同事，向单位汇报。院保卫处惊动了，东高地派出所惊动了，第一总体设计部所有在京人员惊动了……寒冷的冬夜里，大家纷纷披衣而起，拿着手电筒四处找寻。最后，终于在幼儿园的全托班，找到了已经进入梦乡的小姑娘……

原来，当小谢红被送到家门口时，看到家门紧锁，进不去，等了一会儿，也不知该去哪里，只能返回幼儿园，却看见有一个班的孩子在那里嬉笑打闹。小谢红不知道这是幼儿园全托班，与自己平时的班型不一样，于是，小谢红加入了进去，和他们一起玩耍，一起吃饭，一起睡觉……她也不知道自己睡的是谁的床，在老师的指令下，看见一张空床，很听话地爬上床，乖乖躺了下去……

半夜时分，小谢红被手电筒刺眼的光亮惊醒了，睡眼惺忪中，她看到，眼

谢光选与女儿谢红

前，很多大人在围着她……

有惊无险！远在基地的谢光选听说了这件事情，并没有责怪郑阿姨，只是叮嘱她们在家要多注意安全。

谢光选知道，郑阿姨也不容易。原籍安徽的郑阿姨因丈夫早逝，只身来到谢家照顾孩子，一直尽心尽力。尽管每月付给她 30 元工资，已算不菲，但谢光选觉得，这种代自己照顾孩子的事情，不只是单纯的金钱关系，还有一个缘分在里面。珍惜这种缘分，善待有缘之人，是谢光选一直的行为准则。

一次，谢光选看到郑阿姨暗自落泪，很是奇怪，追问之下，才知道郑阿姨把老家的房子给了旁人，因而担心自己的晚年归宿。谢光选听了，大度地说："既然这样，我给你养老送终，你就当孩子们的干妈吧！绝对不会让你比在老家过得差！"

谢光选言出必行。此后，每次给家人添置衣物，谢光选总是叮嘱妻子，别把阿姨给忘了。而贤惠的吉珍谦也乐于如此。心怀感激之情，郑阿姨在谢家工作很努力，过的也很安心。一家六口，相互尊重。

在谢家待了十多年之后，1970 年 4 月，郑阿姨离开了人世。谢光选兑现了当初的诺言，为她办理了丧事。

谢光选

谢光选院士传记

Academician Xie Guangxuan's Biography

第九章

经风沐雨志不改

怎么管理，怎么做事，怎么用干部，怎么与工业部门打交道，都是型号总师要想到的。这些事情，对我而言，从不自觉到自觉，是一个很大的转变。

——谢光选

1. 技术民主定规划

俗话说得好，众人拾柴火焰高。群体的智慧往往是个人无法比拟的。

在中国50多年的航天发展历史上，有一个技术民主的典型事例，这就是“八年四弹”规划的制定。“八年四弹”，顾名思义，就是在八年的时间内研制出四种不同型号的导弹，实现技术上多次阶梯性的突破。

1962年2月，国防部五院科学技术委员会成立，其职能之一就是科学规划导弹事业的发展。一分院副院长屠守锷组织分院有关单位收集资料、研究国内外的发展情况，邀请有关专家座谈、讨论。大家各抒己见，从我国的实际出发，提出了我国发展地地导弹技术途径的初步设想。谢光选作为其中一员，见证了五院科技委的成立和“八年四弹”规划的诞生。

1963年4月，在国防部五院第一届科技委年会上，一分院副院长屠守锷作了题为《火箭技术发展途径和步骤》的报告。这位个子不高、声音洪亮的导弹技术专家，代表数万员工，阐述了发展火箭技术的思路：“中国发展火箭技术，不能沿袭国外走过的路子，亦步亦趋，更不能停留在仿制、仿制改进型的水平上停滞不前，而是要大胆采用新技术、新材料、新工艺，要有突破，要有创新，要有明确的方向，要有精细的预先研究。坚持预研先行，正确处理预先研究与型号研制的关系，是加速发展中国火箭事业很重要的一环。”

这个凝结了一分院科技人员集体智慧的报告有理有据，掷地有声，获得了上级的支持与认可——这就是“八年四弹”规划的雏形。

1965年年初，中共中央、国务院决定，在国防部五院原有的基础上，组建第七机械工业部，简称七机部。国防部五院一分院更名为七机部一院。无论机构如何变化，一院人没有停止对航天发展规划的探索。在第一总体设计部，谢光选和同事们持续讨论如何规划航天发展的蓝图，如何从实际出发，如何按照规律做好工作……

1962年2月2日，国防部五院科学技术委员会成立留影（二排左六：谢光选）

经过两年的准备和酝酿，1965年2月，在七机部领导的主持下，地地导弹发展规划讨论会召开。与以往的任何会议都不同，这次大讨论经历了整整两周的时间。

谢光选感到，这是一个广泛发动群众、充分发扬技术民主的会议。从科技人员到管理干部，再到第一线生产工人，共有2400多人次参加了中国发展导弹技术途径和步骤的深入研究与讨论。仅第一总体设计部，包括谢光选在内，就有510人次到会发表了意见与看法。带着对祖国的忠诚、对事业的热忱，一院人知无不言，言无不尽……

这次会议，开得生动、活泼，开得民主、和谐，卓有成效，硕果累累。在大讨论中，每个人的智慧都得到了展示，每个人的热情都得到了激发，每个人的价值都得到了实现，每个人都深切感受到航天事业与自己的紧密联系。这个上千人参与的规划在这种循序渐进的讨论中逐步成形。

1965年3月，一院提出了关于《地地导弹发展规划》(即“八年四弹”规划)的报告，后得到了上级的认可。

这个规划的要点是在1965—1972年8年间研制出四种导弹，即中近程导弹的改进型（增程）、中程、中远程和洲际导弹。导弹将从单级到多级，弹体直径从1.65米到2.25米，再到3.35米，箱体材料从采用铝镁合金到采用铝铜合金，推进剂从液氧/酒精到四氧化二氮/偏二甲肼，发动机从单机到四机并联，单机推力从37吨到75吨，制导系统从惯性制导到平台计算机制导……从“先解决有无”到“从近到远，形成系列”，这两个不同的发展目标有先有后，合理地选定了发展的技术途径，实事求是地安排了研制周期。

这是一个比较符合客观现实的发展战略和长远规划，它正确地解决了从无到有与从近到远的发展途径，形成了系列，合理确定了规划的目标与工程项目的技术途径，周密地部署了与规划相适应的各种保障措施。

由于这个规划经过广泛而又深入的讨论，然后逐级集中，形成统一的意志，起到了统一认识、统一计划、统一行动的作用。在这个成功的规划引领下，中国导弹事业一步一步地稳步向前发展。

谢光选全程经历了这个规划的酝酿与诞生过程，感受到技术民主的伟大。钱学森一直主张实施的这种工作方法，用在发展规划的制定方面，成果特别突出——在这个规划的基础上，各项预先研究课题得以全面部署，各种大型制造设备、试验设施得以整体统筹，研制队伍得到全盘组织……一院从事导弹研制的人们，士气高昂，心中有为国铸剑的强烈信念，脚下有逐步成熟的技术发展道路，呈现出一派百花争艳、万马奔腾的局面。

2. 总体设计不寻常

金秋十月是北京最美的时节，天空澄澈，云清气爽，红叶浸染，树叶金黄。

1965 年秋，第一总体设计部的领导发生了更迭。一院副院长兼部主任屠守锷离开了第一总体设计部，需要有人接替他担任主任。大家把目光集中在一个人身上：谢光选。

对于担任主任一职，谢光选心有顾虑。他对别人说："当主任的职责很广，不仅是技术与管理，还有很多行政工作要做。比如，买东西、修房子、涨工资、发福利等，这些我都不懂啊！”

谢光选找到有关领导坦露心声：“我不会做行政这些事，我只能管点技术。”

几经权衡，上级同意，谢光选这个第一总体设计部主任只负责技术工作，其他的不用参与。这下，谢光选乐了：“那太好了，我是个技术主任。”

1965年10月，谢光选被任命为一院第一总体设计部主任。这一年，他43岁。

人到中年的谢光选，正是精力充沛的大好年华。和同事们一起，谢光选学习各种专业知识，学习国内外的情报与资料，学习各项管理制度。私下里，谢光选计算了一下：全国大概有300多个二级学科，总体设计工作大概涉及160多个，主要学科有70多个。一个大学也就三四十个学科，这么多的学科，要四个四年才能学完，学完了还不见得会干。还得接着继续学习啊，即使不可能成为每一个学科的专家，但至少要懂得原理和基本知识，不学习这70多个学科，怎么能当第一总体设计部主任呢？

谢光选抓紧一切时间，孜孜不倦，勤奋自学。他住在万源路一院生活区，三层的楼房，西南角的套间。每天凌晨五点，他房间的灯光总会准时亮起。熟悉谢光选的人都知道，谢主任又在自学了……这种学习，无论春夏秋冬，不管风霜雨雪，始终如一，从不间断……

勤奋学习中的谢光选

不仅早上、晚上抽空学习，谢光选还把休假时间用来学习、钻研技术或者查阅情报资料，以掌握国外火箭、航天器等方面的发展动向。每次阅读，谢光选都要记笔记。他有好几个笔记本，分门别类，将不同的问题记在不同的本子上，标注清楚，区分开来。见到这种学习方式，屠守锷副院长拍着谢光选的肩膀风趣地说："老谢，你真行！"

不仅自己勤学，谢光选还带领同事们捧起原《国防部第五研究院暂行条例》，认真学习其中的章节。该条例明确了第一总体设计部的任务与作用。

谢光选知道，在全国范围内，将系统工程理论用于科技管理的，航天系统是第一家。早在 1962 年东风二号导弹首飞失利之后，在钱学森的引导下，导弹研制人员最早接触到了系统工程理论，并开始在实践中按照系统工程的要求设置机构，加强总体设计工作，管理工作流程。实践证明，这种有技术参谋、有技术决策的管理体制，这种有龙头牵引、有机构配合的协作方式是切实可行的。从 1964 年起，国防部五院明确规定，各个分院都要设立相应的总体设计部门。一院良好的管理模式和机构格局，得到了上级认可，在航天系统大力推广。

如何带领同事们深刻认识工作的意义，按照设计规律办事，是谢光选常常思考的问题。而第一总体设计部的任务与作用是有明确规定的：

总体设计部是总设计师领导型号设计的技术工作抓总机构，主持制定总体方案与初步设计工作，草拟分系统设计任务书，负责总体技术协调，全型号配套和分系统验收，主持总装测试、综合试验和设计定型，参与型号移交工作。

谢光选认识到，在整个研制过程中，第一总体设计部应坚持三个“始终”：

第一，始终综合应用现代最新科学技术成果。航天工程之所以成为尖端技术，主要表现在大规模的技术综合上。要从型号实际需要出发，实现各种科学技术成果与型号的相容性，正确指出型号技术发展途径。

第二，始终从整体目标优化方面考虑和处理问题，而不是追求某一系统单项指标或某一设备的先进，不可能、也不应该要求所有指标都先进。必须从实际情况出发，合理地选择与组合，并提出需要进行预先研究的课题，先行攻关。

第三，始终保证技术上的协调。这种协调与控制涉及各种专业技术，需要一支直接参与研制的技术队伍来承担这一工作。

1965 年年底，谢光选召集第一总体设计部的干部开会，强调自身的职责：“我们不仅要完成所承担的设计研制任务，完成型号研制的技术抓总任务，同时也是领导的技术参谋、总设计师的办事机构。综合性、整体性、协调性是总体工作应该重点考虑的内容。注意把握好这三个方面，总体设计工作才能有的放矢。”

对于技术民主的巨大威力，谢光选深有体会，在工作中，他始终坚持这一点。用他自己的话说：“我不是每一个专业的专家，对于一些很专业的问题，我要听专家的。对于好的方法，我一定支持。”

在第一总体设计部，有个不成文的规定，凡是重大方案、技术途径等关键问题，都应该以报告会的形式进行集体讨论与审查，最后上报、审批。报告会在谢光选的主持下，大家各抒己见，切磋交流，达到了群策群力的效果。

在谢光选的倡导下，这种做法得到了长期坚持，型号总体设计质量也得到了提升，很少出现方案性、原理性的设计错误。

凡事预则立，不预则废。

谢光选很赞赏这句古话，应用在导弹研制技术上，他引导大家应当重视预先研究。

在导弹型号立项之前，应及早开展新技术、新材料和新工艺的关键课题研究，开展有目的、有针对性的技术攻关。他多次强调："我国导弹研制技术的发展是否有后劲，关键在于是否有足够的技术储备。没有预先研究的成果，没有关键技术的攻克，型号研制就会裹足不前。我们应该下功夫，强化预先研究的立题工作。"

在谢光选的鼓励下，设计人员把目光投向了新技术和新领域，预先研究工作得到了开展，技术储备有了一定的成果。

3. 十年砥砺志不改

天有不测风云。就在导弹研制即将进入快速发展时期，一场史无前例的"文化大革命"迅猛袭来。

七机部一院不可避免地卷入了时代风暴，成为"文革"重灾区。一支技术过硬、作风过硬、思想过硬的研制队伍，被分裂为对立的两大群众组织。随着对立的逐步升级，一院的研制生产处于半瘫痪状态：行之有效的规章制度被搁置了，无政府思潮泛滥了，很多领导被批判、被揪斗，造反夺权成了时髦……短短几个月，一院从一个秩序井然的科研生产单位，迅速变成政治风暴的“暴风眼”。

饱满的热情一旦脱离正轨，一旦被肆无忌惮地放纵，就会偏离与失控，就会产生大大小小的错误，导致悲剧或惨剧的发生……1968年，姚桐斌，航天材料工艺领域的领头人，在回家的途中被殴打致死……

看着这风云变幻的一切，看着这政治风浪的诡谲起伏，看着身边亲密的战友发生的种种惨剧，看着一些人人性的扭曲与良知的丧失，谢光选心里的痛苦，难以言表！

对于同行的压力，他感同身受；对于别人的疯狂，他无力回天；对于大的环境，他无奈且不解，心中充满了灰色的苦闷。

但，谢光选没有绝望。

那份对于航天事业的执着，依旧还在心里。在纷乱之中，谢光选要求自己静下心来，恪尽职守，致力工作。

对于“文革”中的一院，多位国家领导人给予了较多的关注。1967年1月，周恩来总理宣布，七机部权属中央，群众组织不能夺权。1967年3月，一院开始实行军事管制。随即，军管人员进驻一院，全面领导科研生产。一院的动荡受到了一定程度的遏制，谢光选的心里增添了不少安慰。

恰逢此时，运载火箭的研制工作成为一院的主要业务之一。担任部主任之后，在主抓东风三号、东风四号、东风五号等系列导弹研制工作的同时，谢光选把更多精力放在了运载火箭的研制上。

与导弹一样，运载火箭也是依靠自身的动力装置推进，由控制系统控制其飞行并导向目标的一种运载装置。与导弹最前端的弹头不同，运载火箭的最前端是卫星、飞船等有效载荷，是一种能把人造地球卫星、载人飞船、空间站、空间探测器等送入预定轨道的运载器。

谢光选用比喻的方法，阐述了导弹和运载火箭的区别：“它们的身躯都一样，就是头部不一样。导弹的头部装上弹头，它就是武器。运载火箭头部装上卫星之类的有效载荷，它就是运载工具。”

和导弹相似，运载火箭主要由结构系统、动力系统和控制系统三大系统组成。此外，运载火箭上还有一些由箭上设备与地面设备共同组成的系统，例如，遥测系统、外弹道测量系统、安全系统和瞄准系统等。

中国第一枚运载火箭——“长征一号”，弹道计算工作是由一院第一总体设计部完成的。与武器系列以“东风”来命名一样，运载火箭以“长征”来命名，衍生出长征系列运载火箭。

1966 年 1 月，七机部将发射第一颗人造地球卫星的运载火箭命名为“长征一号”，运载火箭的总体抓总由七机部八院负责，有关飞行程序的弹道计算工作由一院承担。1967 年 11 月，国防科委决定，长征一号运载火箭的研制任务由八院移交给一院。中国第一枚运载火箭的总体设计重任，落在了第一总体设计部的肩上。

面对繁重的研制任务，面对风雨不定的政治时局，谢光选感慨万千。以往的经历说明，总体设计队伍是一支技术过硬、作风过硬的优秀队伍。尽管目前分为两大派，并且时常陷入争论之中，但谢光选认为，在心底，他们没有忘记自己的使命。在对待国家任务时，在对待军工产品研制上，他们的态度是鲜明且毫不含糊的——致力科研，毫无保留！

对于他人的认可，迎来了他人对自己的尊重。一院这两个不同群众组织的头头分别找到谢光选，告诉他：“我们夺的是行政权，不是你的技术权，技术工作不能停。你放心工作吧！”“我们这一派支持你的工作，你好好干。”

谢光选乐呵呵地表示：“没事，你们让我靠边站也没问题，假如你们有什么不明白的，尽管问我，我可以告诉你们！”

听了这话，两派的头头分别明确表示：“你是我们要保护的对象，不会让你靠边站的”“安心工作，有困难找我们……”

于是，在型号研制工作的组织协调过程中，谢光选并没有太多的顾虑，大胆组织，科学管理。

“文革”中的北京南苑，出现了一派特殊的景象——刚刚还是合作共事的同事，却能在组织政治学习的时候，因为派别观点不同而思想对立，矛盾重重。而一旦学习结束、涉及工作之时，尤其是一起执行发射任务时，却能完全收起在政治领域的争斗，原本剑拔弩张的气氛一下子消失殆尽，取而代之的是同心协力、一起切磋……

派性争斗的时代烙印，与爱岗敬业的航天热忱，就这么交叉着、混合着；人性的扭曲与本性的淳朴，就这么交织着、重叠着……

谢光选对自己的员工谦和、尊重，在关键时刻给予维护。一次，军管会负责人找到谢光选，递给他一张名单，说这些人政治上不可靠，要调离一院。谢光选仔细一看，上面密密麻麻写了三四十人的名字，当即表示强烈的反对：“不行，这些人都是我的技术骨干，你把他们调走了，我怎么干工作呀！”

军管会负责人开始并没把谢光选的话听进去。在他看来，这些人尽管工作上或许不错，但他们出身不好，政治问题也不够清楚，是属于应该清理出航天队伍的人。在沟通不果的情况下，平时比较温和的谢光选动怒了，用坚定不移地口气说：“不行，这个名单必须重新研究，这些人不能走，工作不能没有这些人！”

见谢光选的口气这么坚决，军管会负责人一时不知说什么好。最后这件事情不了了之。

在十年“文革”的岁月里，谢光选带领第一总体设计部，把导弹总体设计工作一步一步推向前进。

一次年底总结会上，面对全体人员，谢光选对全年工作做了总结。他说道：“今年，我们走资派组织完成了一系列的型号研制任务，其中包括导弹和运载火箭两个方面。我们走资派还协调完成了许多相关工作……”

谢光选说得很认真，没想到下面坐着的不少人都在偷着乐，还有几个捂着嘴笑。谢光选很奇怪，总结工作就这么可乐吗？

后来，有人告诉谢光选，“走资派”是走资本主义路线的当权派，是个贬义词，不是领导的代名词。

谢光选也乐了，还以为自己讲了一把“政治”，用了个时髦词汇，谁知道还用错了！

对于谢光选的笑话，大家也都能理解。他们知道谢光选对于政治不太敏感，他们清楚地看到，谢主任把全部的心思都用在了技术工作上，尤其是长征一号运载火箭的研制上面。

长征一号运载火箭是中国第一种三级运载火箭，它的一、二级选用东风四号导弹的一、二级，第三级采用固体火箭。火箭全长 29.46 米，最大直径 2.25 米，起飞重量 81.5 吨。火箭可将 300 千克的卫星，送入倾角为 70 度、高度为 440 千米的圆轨道。

1967 年 11 月，第一总体设计部对“长征一号”研制方案做了必要的修改。

火箭发射方位是东偏南 70 度，沿着这条航道，火箭第一级坠落在甘肃，第二级坠入南中国海，第三级则把卫星加速到第一宇宙速度后，同卫星一起进入轨道。在第一、二级发动机工作结束到第三级发动机点火之前，二、三级火箭连在一起，要共同经历一个无动力滑行段。因此，火箭第二级上须增加滑行段的姿态控制系统，以控制火箭在失重状态下的稳定滑行。

为了让卫星上天后“抓得住，测得准”，设计人员在长征一号火箭上装了 3 套飞行测量系统和两套安全自毁系统，以传输飞行中各系统工作的信息和火箭运行参数。一旦火箭飞行发生故障，可以根据地面指令或火箭上的自毁指令，让火箭在空中炸毁，以确保安全。

在短短的一个月内，谢光选组织设计人员对设计方案反复修改，多次召开会议审查、讨论。他很清楚运载火箭之于卫星的重要性：“卫星能否入轨，关键取决于运载火箭。我们不仅要与卫星设计单位协商，还要在‘长征一号’的方案设计中留有余地。”

12月，第一颗卫星的技术状态最终确定。相比之下，“长征一号”的设计方案很好地满足了卫星要求，并且留有足够的余量。

随着设计方案的确定，“长征一号”的研制工作迅速展开。从1969年5月开始到9月6日，“长征一号”的发动机先后进行了四次试车，均获得成功。看到这些，谢光选很欣慰：“长征一号运载火箭有了一颗健康的心脏。”

“文革”中的一院，鱼龙混杂。为明确责任，确保产品质量，1969年7月，一院把参加设计、生产、试验的29个单位，3456名研制人员逐一登记造册，报送总理办公室。同时，要求所有参加这一工作的人员，都要服从指挥，坚守岗位。

为了不使科研生产发生“卡壳”现象，上级为“长征一号”的关键项目出具了特别公函，带着这种公函，不管到哪里去寻求支援，都能畅通无阻。谢光选体会到，自己肩上所担负的不只是一次单纯的发射任务，还承载了沉甸甸的希望——上到国家领导人下到普通百姓的强国之梦！他对身边的设计人员说：“有了这个‘路条’（即特别公函），我们就等于吃了‘定心丸’，干什么都有人支持，这多好啊……我们的工作，上上下下都在看着呢，我们必须成功！”

1970年4月24日，经过一院全体人员的努力，组装后的长征一号运载火箭矗立在酒泉卫星发射中心，笔直端正！

傍晚时分，最后一次检测已经完成，到了人员离场的时刻。试验队员们陆陆续续地离开，谢光选却迟迟不肯走。他良久地注视着笔直竖立的火箭，轻轻地抚拍，目光里有一种平日罕见的柔情……

21点35分，长征一号运载火箭在震耳欲聋的“隆隆”声中离开发射台，冉冉上升。运载火箭喷出长达几十米的火焰，明亮照人，直奔东南方而去。

伴随着火箭的起飞，所有参试人员的心都紧紧地揪了起来。谢光选面色沉稳，可是内心同样紧张。

长征一号运载火箭托举着东方红一号卫星，整装待发

火箭越飞越快，直冲云霄。各地面跟踪测量台站不时传来报告——

“捕获目标！”

“跟踪良好！”

“飞行正常！”

“星箭分离！”

“卫星入轨！”

“工作正常！”

卫星按设计要求准确进入近地点高度439千米、远地点高度2384千米、倾角68.5度的轨道，发射一举成功！

长征一号运载火箭的研制成功，揭开了我国航天活动的序幕。它作为我国发射第一颗人造地球卫星的运载工具而被光荣地载入史册。

长征一号运载火箭——中华第一箭！

4. 披星戴月父难为

在工作中，谢光选是个认真勤奋的人，早来晚走，日复一日。在孩子们的眼里，谢光选则是一个永远忙碌的父亲。每天凌晨 5 点，谢光选卧室的灯光就会准时亮起，他开始孜孜不倦地研读着一本又一本专著。而此时，孩子们还在香甜的梦乡里。谢光选回家时，往往是深夜 11 点左右，孩子们都早已沉沉入睡……

虽然同在一个家里，孩子们却很少能见到自己的父亲。他们幼小的心里知道，父亲在永远忙碌着，忙碌着他最钟爱的航天事业。

不仅父亲，就连母亲，也是这么忙碌不停。作为医院里技术精湛的女医师，吉珍谦经常天南地北地出差、巡诊。

聚少离多是孩子们和父母相处的写照。在孩子们的记忆里，父亲带着出游的次数只有三次：第一次是去了长城，看到了蜿蜒起伏的历史建筑；第二次是因为奶奶来北京，全家去了一次颐和园，一起领略了皇家园林的风貌；第三次是带着孩子们吃了一顿西餐，见识了一下洋人的饮食文化。

孩子们明白爸爸妈妈的辛苦，但幼小的心中还是有一点小小的期盼，盼望家庭团圆，盼望着一家人在一起时的温馨甜蜜。

而这种家庭的温馨，常常出现在意外时刻。

大多是在星期天的早上，正在熟睡中的孩子们被一阵阵歌声吵醒，睁开眼睛一看，原来爸爸妈妈在卧室里放声高唱！

兴致昂扬的谢光选夫妇唱着同一首歌。不知道是谁先开口，但两个人心意相通，互相配合，《渔光曲》《茉莉花》，又或是其他流行歌曲。但无论什么歌曲，都是一个男声浑厚有力，一个女声清亮温婉，相互映衬，煞是好听！

看着兴致勃勃的爸爸妈妈，孩子们的心里甜丝丝的：这俩人，真好……

更令孩子们新奇的是，爸爸喜欢拉手风琴，演奏的乐曲不同，就代表着心情不同。而心情的不同，往往和爸爸的工作密切相关。工作不顺心时，谢光选会演奏一些铿锵有力、慷慨激昂的乐曲，如《保卫黄河》，“风在吼，马在叫，黄河在咆哮！黄河在咆哮！”

1981年10月，谢光选夫妇合影

谢光选似乎借助这有力的乐曲，在抒发内心的苦闷；也似乎在演奏乐曲后，激动的心情得到平静，紧张的身心获得舒缓……

而有些时候，谢光选又会演奏一些温柔细腻的乐曲，简单而亲切的歌曲，“小兔子乖乖，把门开开，妈妈要进来……”

孩子们看到，此时爸爸的眼神温柔亲切，他们知道，这时爸爸的工作一定是顺利的，心情一定是舒畅的……

这种温馨与甜蜜是宝贵而难得的，这一切，深深地印在了孩子们的心里。但孩子们顽皮时，也见识过爸爸的威严。

谢光选的三个孩子，性格各异，大儿子谢书毅爱好广泛，拳击、乒乓球、游泳、滑冰，样样全能，最难得的是，他喜欢学习。弟弟谢刚曾扒在门缝里看见上初中的哥哥把自己锁在屋里钻研高中数学，等解答出难题后，兴奋异常，开心地“哈哈”大笑……

小女儿谢红性格温和，乖巧听话。然而谢刚却对学习不很上心，总是“惹是生非”。

一次，东高地小学的一位老师找到谢光选，问：“谢刚是不是生病了？怎么一个星期没来上课了？”

谢光选很是奇怪：“没有生病啊，他天天到上学的时候就走了，晚上放学的时候才回来！”

晚上在家，谢光选见到谢刚，严厉逼问。在爸爸严肃的“审讯”之下，谢刚说了实话：“我从来没当过班干部，这次好不容易戴上了一道杠，心里特高兴，一高兴，就没去上课，跑出去玩儿了。”

谢光选这下来气了！他找来一块搓衣板，命令谢刚跪下。

谢刚身体很瘦弱，几分钟后就承受不住了。巧的是，此时谢光选接到电话，有事匆忙赶往单位，于是正在罚跪的儿子一骨碌爬起来，跑了……

第二天，谢光选回到家，又想起了这件事，余怒未消，他对谢刚说：“接着跪！”

谢刚又乖乖地走到搓衣板前，跪了下去。不一会儿，谢光选又开会走了，谢刚再次爬起来跑了……等到晚上，待谢光选赶回家时，顽皮的儿子已躺在床上，双眼紧闭，似乎熟睡已久。看着已经沉沉入睡的孩子，谢光选叹了口气，没再理会。等到谢光选转身走开时，儿子的眼睛悄悄地睁开了一条缝……

这次惩罚，让谢刚的顽皮有所收敛，每天早上背着书包，乖乖地去上学了……

谢光选

谢光选院士传记

Academician Xie Guangxuan's Biography

第十章

七八科园春意浓

“331 工程”是个大事，中国应该向地球静止轨道进军。我在这个工程中担任长征三号运载火箭总设计师，再难也要努力上。

——谢光选

1. 临危受命勇改进

花开花落，年复一年。

作为中国国防科研单位，一院的发展与国家政治息息相关。在那个是非颠倒的年代，一院的导弹、火箭研制在与政治纷争的相互纠缠中蜿蜒前行。

1972 年，一院的组织机构发生了变化。原先的一院计划部、技术部和物资部合并，成立了院生产组，在院军管会和院业务组领导下，负责全院的科研生产和物资供应工作。由于受到两个派性组织的认可，谢光选被调任为生产组副组长，有机会和钱学森多次接触。每一次的接触，都让谢光选对钱学森多了一份了解与尊重。

身为航天奠基人之一的钱学森此时已调离七机部，在国防科委任职。在当时的纷乱之中，他常常来到一院，了解情况，督促工作。而每次钱学森都是简装前来，不过分强调安全保卫措施，只带警卫秘书一人，吃饭和饮用水都是自己带。这一切，谢光选看在眼里，印象深刻。更让谢光选难忘的是，钱学森在技术问题上态度明确，在决策上民主而果断，思路清晰。与钱学森接触，谢光选感到自己能学习到好多书本之外的知识、技能和经验，以及身为科技管理人员所应具备的素质与内涵。在这位中国航天战略科学家的领导下工作，谢光选感到自己很幸运！

而钱学森对于谢光选这位“年轻后生”也比较欣赏——虽然没有出国求学的经历，但这位科技人员实践经验丰富，车、铣、刨、磨、钳，无论哪个工种，谢光选拿起来就能干，更可贵的是，这位中年科研人员肯钻研、肯苦干，技术功底扎实，人际关系良好，有头脑、有思路，堪当大任。

1974 年 11 月 5 日，中国第二型运载火箭——“长征二号”在酒泉卫星发射中心进行首次发射。出人意料的是，火箭起飞后不久，飞行姿态即失去稳定性，摆幅越来越大，起飞 20 秒时，由于火箭俯仰姿态角偏差太大，姿态自毁系统发出信号，火箭自毁。发射失利！

在那个特殊的年代，这种原本寻常的失利被人为地赋予了不寻常的政治意义——在“文革”的背景下，流言蜚语开始在角落里悄悄传播。一时间，一院的压力倍增！

此时，谢光选被指定为组织第二次发射的技术负责人，可谓“临危受命”。谢光选知道，这副担子不轻！没有片刻的耽搁，谢光选立即找来相关文件与档案，仔细地梳理现状、分析原因。

“长征二号”是两级液体运载火箭，全箭长约 32 米，最大直径 3.35 米，起飞重量 190 吨，可将 1.8

吨的卫星送入低地球轨道。火箭一级装有 4 台可以摇摆的液体发动机，二级有 1 台主发动机和 4 台可以摇摆的游动发动机。一、二级发动机都采用四氧化二氮/偏二甲肼作推进剂。控制系统采用全惯性平台——计算机制导方案。遥测系统采用大容量遥测设备和可回收的磁记录器。这型火箭集中了这么多先进的技术，为什么会失利呢？

全面查找，立即展开！

经过反复检测，技术人员发现，火箭控制系统中，有一条电缆存在着不明显的暗伤。火箭起飞后，因推力巨大，箭体发生剧烈震动，这条带有暗伤的电缆承受不住而被震裂，造成断路，最终导致火箭失稳、自毁。

分析会上，谢光选忍不住唏嘘感慨："千里之堤，溃于蚁穴啊！居然是一条电缆的小小暗伤，导致了这么大一枚火箭的坠毁，咱们要警醒啊！"

在叹息之余，谢光选明白，任何一个细节都马虎不得！首发失利，那么第二次发射，只能成功。谢光选知道，一院没有退路。

——那就只能迎难而上了！

一院航天人，从来都不是在困难面前退缩之辈！这一次，也绝不例外！

查找到失利原因之后，谢光选组织大家再次开展全面检查。

在检查工作中，研制人员发现，部分电路的可靠性差，摆动发动机测试时发生系统抖动，还有的测试项目不够实用。针对这些问题，谢光选组织相关人员，一一采取了改进措施：采取双点、双线或者粗单线的方法，提高电路的可靠性；增加测试系统的功能性检查，加强质量控制等。

在分析相关原因中，谢光选认为，这型火箭的地面试验不够充分，一些技术应用没有经过严格的试验考核。对此，谢光选的要求非常明确："这可不行，必须进行充分的地面试验！必须要经过实际的验证。试验不充分，带着问题上天，就是不负责任！对自己不负责任，对国家不负责任！"

1974 年 11 月到 1975 年 10 月，在谢光选的组织下，长征二号运载火箭重新补做五项地面试验：控制系统综合试验、稳定系统模拟试验、箭体弹性振动试验、控制系统在激振情况下的垂直测试，以及发动机长程、短程、高工况试车。经历了这些试验，看到一个个数据，谢光选的心里有“谱”了：地面试验结果表明，火箭性能良好。

失败的教训就在眼前，谢光选深刻认识到火箭产品及零部件质量的重要性。在他的推动、参与下，一院采取措施，明确了各级岗位责任制，恢复和健全了必要的规章制度。同时，谢光选组织人员对火箭的零件、部件进行了全面检测，用威布尔分布和浴盆曲线统计规律，对带组件的仪器做通电检查，剔除早期失效的仪器——凡是怀疑有问题的仪器，一律返厂复查，确认无误后，再组装、测试。技术人员增加了功能检测的次数，保证每一个仪器都确实可用、可靠。据统计，此次检测共淘汰箭上不良或有疑点的仪器 43 台件。

1975 年 10 月 13 日，上级对谢光选提出要求：一定要把卫星送上去。谢光选知道，自己和试验队员们没有退路，唯有尽最大努力，啃掉这块“硬骨头”。

11 月 26 日，初冬的酒泉已然有些清冷。发射场上，长征二号运载火箭巍然矗立，整装待发。

此时的发射中心与当初相比大为改观，除了人工爬上爬下的梯子外，围绕火箭修造了高达六层的电梯。

“走，咱们每一层、每一层地去看看！”在谢光选的带领下，试验队员们一次次乘坐电梯，在每一个楼层停留，检测火箭的每一个部段、阅读每一个性能参数。每一个楼层，都留下了谢光选等试验人员忙碌的身影。上午，最后一次功能测试完成，结果表明，火箭状态良好。

发射前的四个半小时，电梯关闭。发射前十五分钟，试验队员全部撤离。谢光选是最后一批撤离的。他轻轻地拥抱着笔直竖立的火箭，眼神专注，嘴里在轻轻地说着什么……

上午 11 点 29 分 52 秒，随着发射指挥员倒计时口令:“……3,2,1，点火！”操作员按下了点火电钮。

一阵震耳欲聋的巨响，长征二号运载火箭携带着返回式卫星拔地而起，奔向浩瀚无垠的广阔空间。

发射场内，人们屏住呼吸，心脏在“怦怦”地跳动。在指挥室内，谢光选则在不知不觉中咬紧了牙关……

几分钟后，各地面跟踪测量台站不时报告：

“捕获目标！”

“跟踪良好！”

“飞行正常！”

“星箭分离！”

“卫星准确入轨！”

“工作正常！”

发射获得成功！这颗重1790千克的卫星被送到预定入轨点，开始在近地点177千米、远地点479千米、倾角63度的轨道上遨游。三天后，在绕地球飞行47圈后，卫星于11月29日按预定计划返回地面。在苏、美两个超级大国之后，中国成为世界上第三个掌握卫星返回技术的国家。

然而，发射后不久，谢光选病了：牙疼。牙疼不是病，疼起来要人命。医务室内，谢光选与普通的求医者一样，对大夫手中光亮的拔牙工具心存忌惮：“疼，大夫，很疼，别拔了……”

大夫心里笑了，这位一向胆大的老总，也有自己的“软肋”啊！大夫嘴里不停地劝慰着谢光选：“拔牙一般不疼，我看看，没什么，啊……出来了……”

轻轻一拔，一颗牙就被轻松地拔了下来。大夫说：“您看，这颗牙早就摇晃了，没怎么拔，自己就脱落了。掉牙一般与压力有关系，压力太大、过分紧张就容易掉牙……”

1976年12月，长征二号火箭再次发射返回式卫星。面对原本成熟的技术，谢光选不敢掉以轻心，坚持认真检测，反复检查。在火箭运达发射中心时，他认识到长征二号火箭在技术管理方面还存在需要修补的地方，比如发动机的回流管与尾舱井字架之间的距离较近，有接触碰撞的可能。

虽然只是可能，但谢光选知道，必须把这种“可能”变为“不可能”，否则这种可能就会导致意外情况的发生。与试验队长商量后，谢光选召集发动机专家和相关人员，开展了技术探讨：

“大家一起想想办法，这种问题该怎么解决？咱们多角度地分析一下，该怎么改进？改进后怎么计算可行性？”

有人提出，可以对火箭进行改装，但火箭的长度要增加70毫米。70毫米，似乎对于硕大的火箭并不算什么，但对于严谨的工程研制而言，任何一点改动都应该建立在科学试验的基础之上。按照研制程序，这种改动必须进行地面试验，而后根据试验结果来判定方案是否可行。

而此时，发射在即，时不我待，已经没有时间进行任何试验与验证了。试验队里的专业人员经过反复计算，把结果汇报给谢光选："用数学方法反复验算，证明这种改动对于火箭发射没有影响。火箭可以安全发射。"

谢光选仔细询问了计算过程和方法，而后让大家讨论。

计算结果表明可行，但未经验证——发射的风险依然存在。谢光选组织骨干人员，和大家反复磋商，做出了一个大胆的决定："火箭发射按期进行！"

当断不断，反受其乱。既然没有时间犹豫，那就果敢地下定决心，按期发射。

发射如期进行，成功如约而至。第二颗返回式卫星于1976年12月7日发射升空，卫星经3天绕地球47圈之后，按预定落点在四川中部安全着陆，返回舱和舱内仪器完好无损。

对于此次发射，有人赞扬谢光选胆大心细，有胆有识。谢光选却对这种未经试验的改装一再表示，"一而足"——一次就够了："这次试验中，火箭改装全凭计算，未作地面静力试验，这是一个特例，是不得已而为之，不能提倡。"

是啊，火箭研制需要创新与大胆，但这种创新必须要经过脚踏实地的试验来验证。作为危急关头的特例，谢光选这种大胆与果断的决定无可厚非，但决不能给后人形成"火箭研制可以冒险"的误会。相反，谢光选认为："火箭研制必须一步一个脚印，按照研制程序来进行，必须经过试验来验证。我们的研制程序是科学的，一定要遵照执行。"

在"文革"期间，一院有不少人离开北京，下放到远在河南的五七干校参加劳动、接受再教育。第一总体设计部大约有三分之一的人离开了北京，屠守锷副院长也被下放到五七干校，接受劳动改造。不久，谢光选也接到命令，去五七干校参加劳动。谢光选找熟人打听了一下，干校里都有什么工种。有人告诉他，种麦和养猪都算是比较轻松的活儿。谢光选记住了："好，那我就尽量申请去养猪吧！其他的我看我还真不会干……"

打包好行李被褥，挑选好一年四季的衣服，辗转托人购买了一双高腰的雨靴，谢光选做好了离京去河南养猪的准备。恰在此时，谢光选接到了来自国防科委主任张爱萍的电话："谢光选，我不许你走，留下来，研制运载火箭，解决全国的通信问题。"

随后，一院的领导接到了张爱萍秘书的电话，明确指示：谢光选必须留下。

在以往的发射中，谢光选和张爱萍有了一定的接触，慢慢彼此熟悉起来。张爱萍的信任让谢光选很是感动。对于他的指示，谢光选很是理解，因为中国的通信比较落后，要迎头赶上，就必须研制地球静止轨道通信卫星，就必须研制比长征二号火箭推力更大的运载火箭。

新的型号——长征三号火箭，提上了运载火箭研制者的日程。

1975 年的某一天，在南苑 211 厂车站，谢光选意外地见到了一个正在搬运货物的老熟人——王永志。谢光选脱口而出：“你怎么在这里？”

谢光选知道，王永志是不可多得的技术尖子，年轻有为，头脑灵活。但因为受家庭成员的牵连，他离开了设计工作。没想到他却在这里，谢光选感到一阵心酸：这是一位凭本事干出成果来的骨干啊，贫农出身，以优秀的成绩考入清华大学，后来成为留学苏联的高才生，一身硬本领，怎么能在这里搬运货物呢？

谢光选并没有多说什么。事后，他来到一院的领导机构——军宣队，找到第一总体设计部的主管，提出要把王永志要回来：“这个人我要了，我们长征三号火箭人手不够，王永志挺能干的，能帮我们收集情报资料，他挺合适的。”

军宣队主管不同意：“他，你也敢用？出了事情怎么办？你负的了责吗？”谢光选说：“我可以负责！”军宣队主管不相信自己的耳朵：“你负责？那好，你立个字据！”

立字据就立字据！谢光选找来一张白纸，奋笔疾书，很快写好了字据。而此时，这位主管倒有些蔫儿了：“好好好，那你就用吧，不要字据了……”

此时的王永志因为装车时脚趾被一台机器碾压成粉碎性骨折，受伤在家休息。谢光选来到王永志家里，对他说：“国家决定上‘331 工程’，这是个新课题，我们都没有搞过，基础理论、概念、工程系统都不太清楚，现在需要搜集相关资料，做些研究，如果你能来干就太好了。”

谢光选没有看错，这位技术骨干不负众望，很快收集了国内外的相关资料，编写出了 47 万字的《同步通信卫星的发射》一书，从卫星通信的发展过程、发射概念、发射方法、各国运载火箭及其发动机的介绍等八个方面，介绍了国外情况，为型号研制提供了宝贵的资料。这本书在“331 工程”第一次方案论证会前夕出版，后获得国防科工委科技成果三等奖。

谢光选（右）与王永志（左）在航天一院科技委成立三十周年庆祝大会上亲切握手

2. 金秋时节送春风

1976 年 10 月，北京步入了秋高气爽的金秋时节。此时，传来了“四人帮”被粉碎的好消息。十年劫难，十年磨砺，十年波折，十年艰辛！谢光选的心里无限感慨。

十年里，火箭事业在曲折中蜿蜒前行，缓慢而坚毅。

十年间，航天人在政治风浪里颠簸，在技术海洋里拼搏，身心疲惫但赤心不改。

而今，这一切都结束了！再也没有时而开会争斗、时而倾心技术的怪现象了，再也没有同事间互相批斗的人性悲剧了。谢光选的心里一片光明！

1977 年 12 月，在进入航天系统第 20 个年头之后，谢光选被任命为七机部一院副院长。

1978 年 1 月，谢光选被任命为长征三号运载火箭总设计师。

1978 年 3 月 18 日至 31 日，全国科学大会在北京隆重召开。邓小平在开幕式上作了重要讲话，明确指出“现代化的关键是科学技术现代化”“知识分子是工人阶级的一部分”，重申了“科学技术是生产力”的观点，澄清了长期束缚科学技术发展的重大理论是非问题，打开了长期禁锢知识分子的桎梏。

这是一次具有历史转折意义的大会，这是中国科技史上一次具有里程碑意义的盛会。谢光选欣喜地看到，多少知识分子听闻这些消息后欢欣鼓舞，多少科技人员的脸上浮现出以往罕见的真心笑容！终于不在浑浑噩噩中战战兢兢、如履薄冰了，终于能放开手脚大干一番了！曾经的“臭老九们”不再被丢弃于历史的垃圾堆里，尊重，这个久违的人性词汇，出现在知识分子面前。

姗姗而来的科学春天，降临大地。谢光选深切地感受到，祖国的春天，真的来了！

经历了“文革”的劫难，谢光选知道，又该到自己施展才能的时候了。谢光选不敢松懈，依然保持早起苦读的学习习惯，依然坚持披星戴月的工作时间，一直在苦学中积累知识、储存技能。他要和千千万万的同事们一起，趁着这扑面的东风，用汗水与辛劳，迎来一个明媚的科技之春。此时的中国航天，把目光投向了发射地球静止轨道通信卫星的“331 工程”。

茫茫天宇，星光无限。幽静瑰丽的穹宇中，隐含着许许多多未知的神秘。

根据科学家研究，在广袤无际的天宇中，距离地球赤道 36000 千米的上空，存在着一条可以使卫星等物体保持与地球同步运行的轨道。在这条轨道上，卫星绕地球一周约需 24 小时，与地球自转速度相同。于是，这条轨道被称为地球静止轨道。

1945 年 5 月 25 日，这条轨道的发现者，英国退役的皇家空军雷达军官亚瑟·克拉克预言，人类实现全球通信的日子不会太远。如果有一天，人类能在静止轨道上等距离配置 3 颗通信卫星，那么，地球上除南北极之外的任何地方，都可以实现通信。19 年后，随着 3 颗辛康卫星的成功发射，美国首先成为掌握该技术的航天大国，人类也因此进入了一个崭新的信息时代。

为了追赶世界的脚步，发射地球静止轨道通信卫星，被提上了中国航天人的研制日程。谢光选也关注到，茫茫宇宙间，星光璀璨的天宇里，环绕地球

36000千米的高度，存在着的这个迷人的轨道。运用航天技术，把卫星送到地球静止轨道，可以实现通信、转播电视等功能，这种卫星辐射面广，信号稳定，具有无可比拟的优越性。

而掌握地球静止轨道发射技术，发射同步定点通信卫星，则是航天技术一次崭新的质的飞跃，也是一个国家的运载火箭技术进入世界先进行列的重要标志。这个先进行列，中国岂能缺席！

1970年4月，在第一颗人造地球卫星发射成功后，中国航天人就开始策划，如何把卫星送到地球静止轨道。

1975年2月17日，国家计委和国防科委联合向中央提出了《关于发展我国卫星通信问题的报告》，提出力争在1978年发射我国第一颗地球静止轨道通信卫星。3月31日，中央批准该项目立项。工程被命名为“331工程”。这个巨大的工程涵盖面广泛，由东方红二号试验通信卫星系统、长征三号运载火箭系统、测量控制系统、地面通信系统和发射场等五个系统组成。随后不久，“331工程”被列为国家重点任务。

1981年4月6日，为加强和健全技术责任制，做好技术协调工作，促进整个工程研制工作顺利进行，国防科委下发通知，明确“331工程”及其五个系统的总设计师：七机部副部长任新民为“331

工程”总设计师；七机部五院副院长孙家栋为东方红二号卫星总设计师；七机部一院副院长谢光选为长征三号运载火箭总设计师；上海机电二局副总工程师孙敬良为长征三号运载火箭副总设计师；国防科委测通所副所长陈芳允为测控系统总设计师；四机部十九院副总工程师刘永峻为地面通信系统总设计师；二十七基地的技术工作由司令和分管技术工作的副司令负责，并参与总师系统的技术协调工作。

通知明确指出，各系统的总设计师，在各研制单位的领导下，在各调度系统的密切配合下，主持本系统的技术工作，负责解决本系统的技术问题和技术协调工作，有关任务下达、计划安排和组织实施，仍按各系统原有渠道进行。

在通知中，国防科委提出建立总师联席会议制度。会议由工程总设计师任新民主持，负责研究、协调和解决五个系统之间的技术问题。办事机构设在国防科委科技部五局。召开联席会的时间及各系统参加会议的人员由主持人视具体情况确定。

一个强有力的技术机构组建了起来，一个高效率的技术会议制度确立了下来。

而在“331 工程”的五个系统中，运载火箭是首要和必备的重要组成部分，是发射卫星的一种可靠工具，是输送卫星飞向天宇的“客车”。在七机部一院，长征三号火箭总设计师谢光选被大家亲切地称为“谢总师”，而任新民则因为是工程总师而被尊称为“总总师”。

2 月 17 日，任新民主持召开了第一次总师联席会议。会上，大家积极发言，共提出各系统需协调的问题 32 个，其中涉及运载火箭、卫星与发射场的有 15 个，涉及运载火箭与测控系统的有 6 个。

科学的春天里，春光明媚，春花灿烂。

1981年，谢光选在南苑生活区

尽管技术难题不少，尽管需要协调的问题很多，但是谢光选仍然真真切切地感受到了春天的气息。迎着拂面而来的科学的东风，他振作精神，沉沉的担子压在肩头，而征程，就在脚下……

3. 两花争艳伯仲间

谢光选一直认为，航天人的品格里，应该有“勇敢”这个词。没有坚毅的品格，岂能担当航天型号研制的大任？而只有勇敢是远远不够的，慎重与扎实，同样是航天人不可或缺的品质。

先有设计方案，后有火箭产品试制，这是火箭研制的一贯流程。只有良好的设计方案，才能加速火箭的研制进度，事半功倍；反之，则会因方案不完善或有重大遗漏而导致火箭研制进度推迟，事倍功半。

早在“331 工程”立项之前，一院就对长征三号运载火箭研制开始了探索与预先研究。1973 年 6 月，一院提出了两个不同的研制长征三号运载火箭的方案。对于火箭一、二级，这两个方案是一致的，都是以洲际导弹为基础，而对于火箭第三级，则有两个选择方案，一个是像火箭前两级一样，发动机采用常规推进剂；另一个则是重新研制发动机，采用从未尝试过的液氢液氧作为推进剂。

两个方案各有利弊。

第一个方案属于常规方案，采用的是成熟技术，难度小，需要攻关的关键技术不多，研制周期不长，工作量不大。但火箭发动机技术不够先进，运载能力有限，无法适应长远发展的需要。第二个方案，氢氧低温方案恰恰相反，采用了较多新技术，但难度比较大，存在一定的风险和变数。

与火箭第三级两种设计方案相关的，是发动机一次启动还是二次启动的问题。采用一次启动方案，火箭第三级发动机只启动一次，但必须解决发动机长时间工作的可靠性，以及发动机关机时后效冲量偏差带来的入轨偏差问题，也就是说，要解决第三级发动机关机后火箭的飞行惯性导致卫星进入轨道时会出现偏差的问题。

而采用二次启动方案，发动机研制也存在难度。二次启动是指火箭第三级发动机第一次关机后，在高空滑行一段航程，之后再次启动、继续工作。这样，前后共实施两次点火，在一、二次点火中间有一个没有推力的滑行段。这种方案的好处是节省火箭能量、减少推进剂消耗，有利于提高制导精度与运载能力。但也带来一系列新的技术问题。比如，发动机第一次关机后，火箭处于失重状态，如何保证推进剂沉入贮箱底部而不飘浮飞溅？如何控制滑行段的姿态？如何保证发动机在高真空条件下实施第二次可靠启动？

两个发动机推进剂方案，两个发动机启动方案，四种组合，各有长短，何去何从？一时之间，伯仲难分。

经过斟酌，1974 年 8 月，七机部决定：运载火箭以洲际导弹为基础，第三级发动机采用常规推进剂一次启动方案和液氢液氧低温推进剂二次启动两种方案并举。

两种方案齐头并进，这在火箭研制历程中并不多见。谢光选注意到，此时已有部分国家开始研究发动机氢氧低温推进剂技术，并有一定的进展。而选择氢氧低温推进剂方案，不仅能满足目前这次发射通信卫星的任务，对今后火箭发射也具有重要意义。

两种方案，齐头并进。但火箭最终只能采用一种方案，还是最后的抉择。怎么选择呢？恰在权衡不定之际，消息传来，液氢液氧发动机的预先研究有了一些进展。经过充分的论证，1976 年 8 月，正式决定采用液氢液氧发动机二次启动方案。

虽然方案论证的时间比较长，但谢光选认为，这是值得的。满足当前，放眼长远，研制液氢液氧发动机，是一个低温技术的新领域，虽然目前没有全部掌握，但一旦突破，就会使中国火箭发动机的研制步入一个新水平，将大大提升火箭的性能与运载能力。

这是一个带有战略性的艰难决策。谢光选知道，中国火箭的历史将因此而被改写，中国距离航天大国的地位更近了……

运载火箭研制确实不是一条坦途，面对困难，多少人曾经困惑，曾经无眠，曾经苦苦探索而不得要领。

行路难，行路难，多歧路，今安在。

长风破浪会有时，直挂云帆济沧海。

困惑终究会过去，对于运载火箭研制而言，坚毅、果敢、忍耐、谨慎，这些品质缺一不可。

带着这种永不泯灭的豪情，谢光选相信，航天人终究会走向成功，走出一条千千万万人用汗水铺就的辉煌大道！

4. 下乡返城总关情

“文革”时期，谢光选和同事们在意识形态的纷争中，艰难地开展着导弹、火箭的研制工作。他没有注意到，他的孩子们在学校的号召下，开始了人生的别样历程。

大儿子谢书毅一直是学习尖子，四平八稳地读书，不爱参与政治运动，有点“逍遥派”的味道。小女儿谢红年龄尚小，每天按时上下学，一直比较乖巧。思想活跃的依然是二儿子谢刚。当年那个曾逃学被罚的小学生，已经成为东高地中学一名颇有思想、敢干敢为的中学生了。

谢刚在学校的学习一般，但朋友不少，在铺天盖地的宣传中，热情胆大的他放下课本，参加了如火如荼的红卫兵大串联，兜里只揣着五块钱，跟着同学们天南海北地转了一圈儿。回来后一看，兜里有十块钱——比出发时还多了五块钱。

不仅如此，谢刚做了一件极为大胆的事情。

此时，学校正常的教学秩序被无端打乱，广播里洪亮而亢奋的声音反复播送着政治宣传口号：广阔天地，大有作为；广大的知识青年要上山下乡。16 岁的谢刚政治热情高涨，觉得天地广阔，自己应该响应号召，出去作为一番。但，这条路该不该走呢？谢刚犹豫不决。唉，自己几乎没人可以商量。忙碌的父亲一直在基地和南苑之间奔波，不是出差就是加班；忙碌的母亲一直奔波在外地的医疗队，不是巡诊就是值班。两个人都人影难见，更别提见面详谈或者给出意见了。

找到自己的小伙伴，谢刚商量来、商量去，下定决心：到农村去！到最需要自己的地方去！怀揣着强烈的热情，他自己跑到东高地派出所，拿到自己的户口卡，当场注销了自己的北京户口，而后兴冲冲地跑到学校，交出了自己的户口卡。

1969 年 2 月 2 日，北京冬日凛冽的寒风里，兴致勃勃的初中生谢刚和二三十名同学一起，带着大红花，在敲锣打鼓的热闹欢送中，坐上了开往陕西洛川县农村的大卡车。

然而，几经颠簸，到达农村之后，谢刚的热情之火被现实的冰水迅速扑灭。臆想中美好的工农结合，在现实中演变为长期的义务劳动。住的是刚刚收拾出来的柴房，吃的是没有下饭菜的玉米糊糊，想吃白面需要自己推磨，想要烧柴需要自己去砍。劳动一天，挣的是四毛九分五的工分，和当地的妇女一个待遇。冬天滴水成冰、无处可藏，夏天蚊虫成群、袭扰不断。瘦弱的谢刚吃不消了。书信中，他开始后悔自己当时的冲动。

鉴于自身早年游学的经历，谢光选认为年轻人倒是应该出去闯闯。但是，既然无法逆转儿子的行为，那就只能尽量帮他早点成熟起来。于是，谢光选提起笔，给远在他乡的儿子写去家书。在每月一封的家书中，简单的文字里，谢光选总是问儿子："生活得怎样？你需要什么？"

无一例外，儿子在书信里每次都很干脆地回答："别的都还行，就想吃东西。"

于是，不久之后，谢刚收到一大包邮件，里面装的都是父亲寄来的香肠。拆开邮包，打开香肠，谢刚张嘴就咬着吃，却忘记了——这些香肠并不是熟食，需要煮熟才能吃……

幸而这种日子并不长，一年之后，谢刚参军入伍，离开了陕西。因为擅长乐器，谢刚被选入文工团，成为了一名文艺兵。服役多年后，1976 年，谢刚复员，又回到了父母身边。

游历在外多年之后，又回到京郊南苑，谢刚感到：在父母身边，虽然相聚的时间不是很多，但待在一起，能享受到亲情的温暖，体会到家庭的温馨，才是最好的：回家，真好！

谢光选

谢光选院士传记

Academician Xie Guangxuan's Biography

第十一章

“长三”首飞克天险

我们试验队里有很多故事，大家都克服了很多困难，连续作战70天，从总指挥到一线队员，大家都很辛苦，前方后方一股劲，很了不起。

——谢光选

1. 何惧路上荆棘多

七八科园春意浓，尊重知识人为重；
航天三抓沐甘露，花红叶绿果实丰；
伯乐识马任总师，长三首飞天险多；
军民协力创奇迹，惊得 NASA 来电贺。

——谢光选《答原七机部副部长李明实》

科学的春天，春意盎然。

经过对两个方案的充分考量，最终确定了长征三号火箭总体设计方案：第三级火箭采用液氢液氧发动机二次启动方案。

1978 年 3 月，一院完成了火箭总体方案设计，开始了总体初步设计。1980 年 9 月到 11 月，火箭各分系统已基本完成初样阶段工作，特别是控制、遥测、外测，完成了初样匹配试验。11 月 30 日，对长征三号火箭的设计生产任务进行了分工。

总体而言，长征三号火箭是一种多用途的三级液体运载火箭，它的一、二级是以洲际导弹为原型稍加修改，即是在长征二号火箭的基础上，加上以液氢液氧为推进剂的第三级组合而成。

沿用以往的成熟技术，火箭一、二级发动机采用四氧化二氮和偏二甲肼做推进剂。第三级发动机由 4 个推力室并联组成，可以作 25 度的左右摆动，以此控制火箭姿态；比冲 425 秒，可以在高空进行二次启动。总的说来，长征三号火箭全长 44.86 米，一、二级直径 3.35 米，第三级直径 2.25 米，起飞重量 204.88 吨——这是中国最大、最长的火箭。

按照计划，长征三号运载火箭在西昌卫星发射中心发射，典型轨道可分为四个阶段，一级发动机工作，二级发动机工作，三级发动机第一次工作，三级发动机第二次工作。和其他火箭最大的区别在于第三级以及发动机二次启动。

三级发动机第一次工作，将卫星送到近地点约 170 千米、远地点约 450 千米的小椭圆轨道，也就是停泊轨道。此时星箭还没有分离，两者在停泊轨道上绕地球运转。当转动到与赤道平面相交时，火箭发动机再次启动，推动卫星进入大椭圆转移轨道，也就是远地点在赤道上空约 36000 千米、近地点约 400 千米的过渡轨道。此时，星箭分离，运载火箭的任务完成。在到达赤道上空的远地点时，卫星自

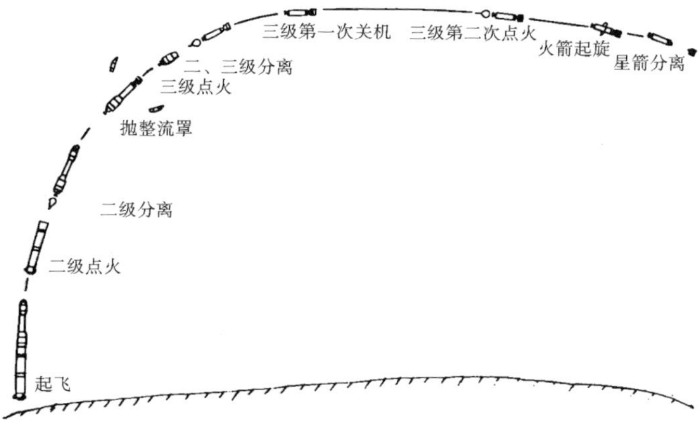

长征三号运载火箭典型飞行程序

带的发动机点火，再次加速，进入高度约为 36000 千米的圆轨道，亦即准静止轨道，而后继续调整姿态，进入静止轨道的预定位置。

从起飞到与卫星分离，长征三号运载火箭共飞行 1245.34 秒，途经四川、贵州、湖南、广西、广东、福建及台湾南端、太平洋上空，然后在东经 160.33 度赤道上空入轨。

幽蓝深邃的太空里，透过高高的云层，在 36000 千米的地球赤道高空，中国，正姗姗而来……

被任命为长征三号运载火箭总设计师之后，谢光选组织相关人员，开始部署工作。副总设计师范士合和王之任都是知名专家，前者是第一总体设计部副主任，经验丰富，技术突出；后者是发动机专家，曾留学苏联，是中国少有的女发动机专家。为了加强发动机研制队伍，一院副院长卢庆骏参与到“长征三号”研制工作中，这位数学大家主要负责液氢液氧发动机研制工作。

按上级部署，长征三号火箭的一、二级发动机由上海机电二局研制，副总设计师是孙敬良。作为副手，他的责任是配合谢光选完成一、二级发动机的研制任务。这种火箭按级分单位研制的情况在国内并不多见，为此，作为总设计师，谢光选需要兼顾京、沪两地的情况，统筹协调。按照技术民主与充分尊重的原则，谢光选与上海的同仁们商讨工作，注重发挥上海航天人的主动性，尊重对方的劳动成果——京、沪两地的科研人员相处融洽，彼此尊重。

经过磋商，型号研制人员认为，规划中的长征三号火箭应有四点与众不同：

一是运载能力大。能把重 900 千克的通信卫星送到同步转移轨道，关机速度要达到每秒 10 千米。

二是火箭航程长。火箭从起飞到进入轨道约有 6800 千米，其中有三分之二是在海洋上空，这就要求测量设备必须满足海上测量的需要。

三是飞行时间长。火箭从起飞到进入轨道，历时 1200 秒，其中有一滑行段。发动机要在高真空失重条件下进行二次点火启动。

四是低温技术难。这是采用高能低温液氢液氧第三级发动机必须解决的问题。液氢具有四小一低的特性：密度小、导热系数小、表面张力小和黏滞系数小，沸点低（零下 253 摄氏度）。此外，液氢易燃易爆。这种低温推进剂，给设计、生产、贮存、运输和使用带来了一系列问题。

在诸多技术因素中，决定研制质量和速度的关键有两个：一是低温技术，二是液氢液氧发动机。还有一个研制难关，是纵向耦合振动。

在这些困难面前，谢光选带领设计师队伍连续作战，一个会议接着另一个会议，一种思路延续着另一种思路，一个方案延展着另一个方案……谢光选看到，无论是总体设计还是各分系统，无论是主任设计师还是普通的研制人员，没有懒惰与怯懦，

谢光选（左四）在长征三号运载火箭工作现场

没有推诿与后退，在科研难关面前，大家积极开动脑筋，专心投入。

经历过“文革”的航天人，对工作有一种格外的看重。人生就是这短短几十年，此时再不拼搏，更待何时！大家的心里憋了一股劲儿——努力工作，有所作为！清晨时刻，办公室的门被早早推开；入夜时分，办公室的灯光一直闪耀……谢光选知道，最可爱的航天人一直在勤奋地工作，有着这样一支顽强拼搏、专心敬业的队伍，无论经历怎样的曲折，“长征三号”成功，乃是注定的事情。

2. 花红叶绿果实丰

在数以千计的型号研制人员中，由总设计师领衔的设计师系统，俨然是提纲挈领的领航角色，而总设计师则是这支科研队伍的统帅，指挥三军，排兵布阵，运筹把关，决策统筹。对于“长征三号”总设计师的位置，谢光选细细思考，怎么做能更好地发挥大家的作用，保证研制工作进度。

谢光选知道，在“长征三号”研制中，有些部分是采用以往成熟技术，对此只要认真工作就能完成研制任务。但在重大技术问题决策上，在总体与各分系统之间、各分系统相互之间的协调中，是总师应该充分发挥作用的地方，需要保持充分的关注。一些新技术研制，需要总师通晓专业知识，把握研制计划，协调攻克难关，组织大型试验，督促工作进度。通晓各科，把握全局，抓大放小，突出重点，是谢光选履行总师职责的思维方式。在一次会议上，谢光选对大家说：“我是型号总师，你们有人管的，我就不管了，你们不管的，交给我来管。”

对于“长征三号”研制中的三大难关——低温技术、液氢液氧发动机技术、纵向耦合振动技术，谢光选认为，他都不是行家里手，便去查找相关书籍，用心学习，掌握了这些技术的基本原理和功能用途，并研究了其最新动态。他经常对身边的同事说：“在专业技术领域里，我不是专家，但是我各个专业都通，能说出各个专业的功能、意义、研制原理和程序，一点都不懂的话，我就不用当这个总师了。”

谢光选是这么说，也是这么做的。他比较博学，不能说精通各个专业，但做到了通晓各个学科。在相关领域里，谢光选一直保持着对国外火箭技术的高度关注，时不时拿出一张卡片，递给相关的研究人员：“小谭，你看看这篇文章，上面有管道固有频率的计算公式，应该对你有用。”“老王，这是国外最新的技术动态，讲到了发动机几个具体的参数，推荐你看看，对工作也许有帮助。”

攻克低温技术是“长征三号”研制的首要难关。谢光选知道，第一总体设计部和相关单位的专家为此开展了数年研究。1976 年年底，第一总体设计部提出了 36 个预研课题，查阅了大量国外有关资料，获得了较为丰富的知识。但在实际操作中，理论和实践必须契合，否则，完美的理论只能是空中楼阁。比如，火箭发动机箱体材料的选择必须有第一手的测试数据，才能进行结构设计。于是，从1976年秋到1980年年底，谢光选组织设计师系统会同一院材料工艺研究所，与北京、兰州等相关单位密切合作，通过大量试验，测得了所需的金属材料和非金属材料在液氧（沸点为零下183摄氏度）、液氮（沸点为零下196摄氏度）和液氢（沸点为零下253摄氏度）中的几千个力学性能和物理性能参数。经过对参数的分析对比，最终选定了国产铝铜合金和不锈钢作为贮箱材料。

贮箱绝热是一个突出难题。为解决这个难题，科研人员经过5年31次性能试验，最终决定采用外绝热结构，在贮箱金属壁外表面喷涂以聚氨酯泡沫塑料为主体的复合式绝热材料。第三级液氢、液氧两个贮箱之间采用蜂窝夹芯式共底结构。这种结构既是隔热件，同时又是承力件，使箭体缩短了1.4米，减重约180千克。到1981年8月，一院先后进行了29项、249次试验，取得了大量技术数据，突破了低温技术在材料工艺上的应用。特别是全尺寸贮箱低温综合试验的圆满成功，为“长征三号”的结构研制，提供了有力保障。

第二个难关，是攻克液氢液氧发动机技术，为此颇费曲折。

发动机历来被誉为火箭的“心脏”，只有强有力的心脏，才能为火箭提供更大的动力源泉。在方案设计之初，谢光选支持选用这种液氢液氧新技术——不用

1985年，谢光选在航天工业部科技委第二次会议上

以往发动机采用的推进剂，转而采用液氢和液氧混合燃烧，产生巨大的能量，推动火箭飞行。这种发动机技术性能优越，燃烧产物安全无毒，比一般常规发动机的比推力要增加 50% 以上。虽然在国际上还没有几个国家掌握这种技术，但是一旦掌握，火箭技术就将产生质的飞跃。

液氢液氧发动机的研制，是“长征三号”研制中的重中之重，却也是“短线中的短线”。走进发动机研究所，谢光选和专家们一起商讨，如何改进，如何提高，如何与其他系统协调。

在谢光选的持续关注下，从 1976 年到 1983 年，经过八年攻关，液氢液氧发动机技术从预先研究转入到实用阶段。在这八年漫长的时间里，发动机研制人员一共进行了 129 次地面试车，累计工作时间 33500 秒，终于突破世界级的技术难关，掌握了液氢液氧发动机技术。在研制过程中，卢庆骏副院长和液体火箭发动机研究所刘传儒、王之任、朱森元、王桁等专家，率领工程技术人员，用智慧、心血和汗水，为早日拿出合格的液氢液氧发动机而拼搏奋斗。他们最惦记的是：地球静止轨道变得日益拥挤，迟到了就等于自动放弃地盘。他们发出誓言：即使跌倒 100 次，也要爬起来 100 次继续干！

——这是一种勇猛无畏的精神，明知山有虎，偏向虎山行！

谢光选（中）与王之任（左）、范士合（右）在长征三号运载火箭发射现场

谢光选将更多的精力投入到第三个难关——攻克纵向耦合振动技术。

如果火箭的振动频率与推进剂管路液流的频率接近或相等，则液流的压力脉动被放大，压力脉动又导致发动机的推力脉动，然后又激振火箭，这样就形成了一个动力学相互推动放大的闭路循环系统，通常把它称为纵向耦合振动，国外称之为 POGO。由于“长征三号”长而重，结构纵向频率低，与推进剂管理、泵系统频率都彼此相近或相交的可能性增大，容易产生纵向耦合振动。而这种现象，轻者会导致惯性仪表精度下降，重者会造成局部结构破坏，致使飞行失败。

前前后后，谢光选主持了 6 次专题研究会，南下黄山，东赴湖州，带领大家探讨难关、剖析难点、寻找对策。他委托一院强度环境研究所的黄怀德主持这项课题研究，一院其他单位和上海机电二局参与其中，共同努力，一致攻关。课题组从五个方面开展工作，目的是找到火箭一、二级推进剂管路系统的自振频率，选择最合适的蓄压器装入管路系统，把系统的自振频率控制在要求的范围内。

从 1980 年 10 月到次年 4 月，承担纵向耦合振动试验的人员在湖州先后共进行冷试验、热试验 140 多次，取得了较稳定的试验数据，这些数据与理论计算的结果基本吻合。在加载、测量、数据处理等方面，采用了一些新技术、新设备，首次获得了氧化剂系统纵向耦合振动试验数据。

经过多次试验和理论分析，针对每次试验结果，研究人员分别采取了相应的有效措施，最终使纵向耦合振动问题得以彻底解决，我国在大型火箭结构与管路系统的动态特性研究方面，取得了新的突破。

在关注试验进展的同时，谢光选注意到，参加试验的人员中有许多人为抢时间加班加点，加上严重的污染，食宿不习惯，导致体质明显下降。有十来个人肝功能不正常，仍坚持不懈地继续参加试验，一心扑在工作上。负责测试和数据处理的人员，每次试验都要测 30 ~ 40 个点，试验后又要投入紧张的数据处理工作。他们忙而不乱，紧张有序，兢兢业业。每次试验需要几十万元，为保证取得可靠数据，他们认真安装传感器、精心调试各种仪器，从未出过差错。他们以顽强的毅力，保证了试验任务的完成。谢光选发自内心地赞誉到：“这就是我们最可爱的人，最可爱的航天人啊！”

随着一个个难关被攻克，“长征三号”研制取得了实质性进展。1982 年年底，“长征三号”的技术关键短线有了新的突破，主要研制任务取得了重要进展——液氢液氧发动机共完成 27 次试车，成功 23 次，其中 5 次 1400 秒、2 次 800 秒试车，都获得了成功，并通过了强度关；组合件试验进行了 118 台次；控制、遥测、外测系统圆满完成了综合、匹配试验；三级简易试车火箭共进行了 5 次

1984 年 10 月，长征三号运载火箭纵向耦合振动专题第六次会议代表合影（二排右九：谢光选）

试车，成功 4 次；合练火箭按计划完成了总装出厂，第一发全系统试车火箭已齐套开装；箭体结构，发动机 22 项关键技术，已突破化铣减重、活门导管、总装密封等 17 个关键项目。此外，还完成了三级支撑火箭靶场合练、发动机低频振动和冷流试验、箱体减重、活门攻关、遥测地面站等大量研制试验工作。

长征三号运载火箭具备了组装测试条件。

3. 七十昼夜“闪电战”

号角声起，踏上征程！

1983 年下半年，谢光选和上海的研制人员反复协商，确定火箭一、二级在上海组装，由他们运往发射基地；第三级由一院组装，从北京运往发射基地；会师之后，在西昌技术车间对火箭进行总体组装。

当年 9 月，“长征三号”试验队带着产品，向着西昌进发！

西昌卫星发射中心位于四川，距离西昌市约 60 千米。这里有“天然发射场”的优越条件——一是纬度低，海拔高，发射倾角小，地空距离短；二是晴好天气多，发射“窗口”多；三是交通、通信条件好。于是，1969 年，西昌在 81 个备选发射场点中脱颖而出，被确定为中国第二个卫星发射中心。经过十年的建设，1980 年，在四川的荒山沟里，初具规模的现代化航天城拔地而起。

西昌的金秋，天气温和，秋风拂面。

在与如约而至的上海航天人会合之后，谢光选组织人员开展总装，随即展开多种检查与测试。首先是单元检查，其次是分系统测试，而后是系统匹配检查。对于检查出的问题，试验队员一一做了处理——绝不带一点问题上天！前前后后 35 天，身穿白大褂、头戴白帽子、脚穿白胶鞋，谢光选和同事们完成了四次总检查，解决了大大小小上百个问题。

1983 年 9 月、10 月，国防科工委组织开展了卫星、火箭、发射场合练，通过组装与磨合，发现细节问题，力求进一步完善。同时，进行了 12 种状态的无线电干扰试验，以测试火箭和卫星是否被干扰。

1984 年元旦，清冷的寒风里，试验队仍在忙碌着。没有心思欢度元旦、庆贺新年的到来，谢光选和同事们的心里，只有一件事情：发射。

1 月 3 日，长征三号火箭起竖在发射塔架上，高大巍峨。随即，各种测试再次展开——分系统检查、5 次飞行状态总检查、全区演练先后完成，火箭均显示正常。

一遍遍的合练，一次次的试验。不协调现象被一个个排除，细节技术问题被一个个解决——“长征三号”整装待发，发射在即！

然而，在加注液氧后进行射前功能检查时，试验队员突然发现，稳定系统偏离轨道的放大系统出现异常。其后果是会导致火箭在偏离轨道时不受控制，无法使卫星精确入轨。

谢光选和同事们紧急磋商，立即决定：更换平台。又是一番紧张的忙碌，等到完成平台更换后，谢光选才松了一口气。

1 月 29 日凌晨，各项准备工作全部就绪。

晚上 20 点 24 分，长征三号火箭点火，起飞！

端坐在发射指挥大厅的大屏幕前，谢光选紧紧盯着飞行中的火箭，表情严肃、凝重。大屏幕上，火箭按照程序指令飞行。第一级飞行正常，第二级飞行正常。

随后，倾注了多少人心血的第三级发动机开始工作了。谢光选看到，第三级发动机第一次点火和关机正常。而后，火箭进入滑行段飞行，第三级发动机第二次点火。3 秒钟后，推力达到 4.2 吨。

谢光选集中所有的注意力，紧盯着面前的大屏幕，不敢有丝毫疏忽。

意外发生！

眼看就要达到既定目标时，突然，二次启动的发动机 4 秒钟后突然熄火。

这意外熄火带来的后果是，卫星最终没有进入地球同步转移轨道。

按照既定程序，在火箭起飞 1245 秒时，卫星和火箭共同进入停泊轨道，而后二次点火，星箭分离，卫星进入椭圆形的转移过渡轨道，最后自行变轨进入静止轨道。但发动机提前关机熄火，卫星运转动力不足，星箭分离之时，卫星只进入了停泊轨道，自行变轨后也只能进入大椭圆转移过渡轨道。

虽然能够从遥测和外测的参数中获得重要数据，但谢光选知道，距离真正的成功，还有一步之遥！

一步之遥，差之千里。

谢光选和试验队员们心里压了一块大石头……

在科学的大道上不可能一帆风顺，失败是成功之母，谁都明白这个道理，可当这种事情真正发生在自己身上，发生在呕心沥血、夜以继日地攻关之后，这种沉重，这种悲凉，这种五味杂陈，是外人难以体会的……

幸而，来自上级的理解与安慰，让谢光选和同事们在沉痛之余更加沉稳冷静。在情况分析会上，从总总师任新民开始，大家轮流发言。临到谢光选时，他认真而严肃，一脸庄重地对大家说："失利不可怕，在失利的情况下，我们要查找原因，扭转被动局面，一定要争取成功！时间是紧迫的，大家加油啊！"

没有时间让悲壮的情绪延续，谢光选和同事们收拾起心中的百般感受，集中精力，投入到查缺补漏与第二次发射的准备之中。冷静地分析一下客观现实，谢光选心里大约有了一个时间表。

第一次飞行试验，暴露了火箭设计方面的薄弱环节。而这些问题必须在第二次发射之前予以彻底解决。结合发射场的气候条件，第二次发射时间应定在本年度的 4 月。而在祖国大西南发射场，过了 4 月就进入了梅雨季节，根本不适合发射——4 月，最后期限!

然而此时，距离 4 月已不足百日!

要在如此紧迫的时间内完成一系列的事情——查找缺陷、修改设计、试验验证、生产制造，无疑是艰巨的。

而此刻距离春节，这个最传统的中国节日也已不远。每逢佳节倍思亲。谢光选和同事们懂得远在北京的家人在殷殷期盼着与亲人团圆，懂得亲友亲密相处时的温馨，懂得爆竹声中辞旧岁时孩子们的欢庆与喜悦。但是，亲人的期盼与型号发射的重任相比，后者无疑成为谢光选和试验队员们的不二选择。将回京与团圆的情感深深压在心底，谢光选和同事们集中精力，投入到紧张而有序的工作中。

在大大小小的会议上，谢光选多次强调：一切为了“331”，一切服从“331”，一切保证“331”！这是我们的宗旨，一定要记在心里，落实在行动上！

查找故障原因，首先从分析测量数据入手。发射的当天夜晚，试验队收到了遥测数据，经过分析确认，火箭一、二级工作段，三级一次工作段和滑行段，一切正常。问题出在火箭第三级发动机二次启动之后——故障点清楚了。

1984 年 1 月 30 日至 2 月 2 日，四天时间里，在靶场的试验队各分系统分别召开了故障分析会。会上，参试人员纷纷发言，提出各种看法和建议。任新民、一院院长兼试验队队长张镰斧和谢光选一起，多次深入各个小组参加讨论，听取各种不同看法和建议。

从 2 月 3 日开始，试验队连续召开故障分析大会。经过分析、计算、判断与试验，针对问题症结——液氢液氧发动机二次工作段出现的故障，提出了两个故障模式设想：一是由于高空低气压出现三相点，产生固氧，引起爆燃，破坏了结构；二是由于滑行段低重力场引起两相流，导致涡轮壳体烧穿，涡轮停转。由于天上情况不明，一时难以准确判断。任新民、张镰斧和谢光选组织大家开会研究对策，制订了排除故障的多个方案。此外，大家还想到，从遥测数据可以判断，发动机涡轮泵漏火，起火原因可能是液氢供应不足造成的，应增加一根液氢输送管路，确保液氢液氧的混合比处于正常状态，而不会因富氧燃烧高温而将涡轮泵烧穿。

任新民、张镰斧、谢光选组织大家多次磋商，制定了三项改进措施。

2 月 6 日，加急电报到达北京：分析工作正在进行，方案已定，有关人员立即启程，图纸采用传真发回。

北京一线设计研制单位与基地发射场，设计人员与生产、试验人员，虽远隔千里，但齐头并进。运用电话、传真等即时联络的方式，两地技术人员同时启动，一齐动手，设计、研制、生产、试验……一刻也不耽搁，一时也不停步。

紧张的节奏，明确的主题。火箭在发射场就地改装，一院人马不停蹄地忙

1984年，谢光选在长征三号运载火箭检测现场

碌着……

1984年3月26日，修改设计后的改装任务完成。4月8日，在距离上次失利70天后，一发崭新的火箭笔直地竖立在发射场上！

这种速度，在国际上并不多见。

晚上18点，火箭开始加注，试验队员开始撤离现场。

和以往一样，谢光选迟迟没有离开，他轻轻地拥抱着笔直竖立的火箭，口中念叨着什么，眼睛里同样透露着别样的深情……

熟悉谢光选这种习惯的人，打趣地问道：“谢老总，您这是在干什么呢？”

谢光选微微一笑，并不作答……

19点20分，寄托了谢光选和同事们几多希望的长征三号运载火箭一飞而起！

离开发射现场的谢光选和同事们一起，在发射指挥大厅观看大屏幕。紧紧盯着大屏幕上火箭的每一个举动、每一个细节，谢光选心里紧张到了极点。

自上次失利以来，已过去整整70天。这70个日日夜夜，作为火箭总师的谢光选感到肩头的担子格外沉重。不知不觉中，他牙关紧咬……

大屏幕上，火箭完全按照预定程序飞行，完成了全部程序。20分钟后，喜讯传来：卫星入轨！

在场的人们相互握手、拥抱、祝贺。谢光选的眼里，有一点湿润……

功夫不负有心人。70个日日夜夜的全身心投入，70个日日夜夜的全部心血，多少次的夜不能寐，终于在这一刻，收获了成功与喜悦！

不仅是付出有所收获这么简单，谢光选懂得，此时发射，对于中国航天也有着不同凡响的特殊影响——中国航天攻克了液氢液氧发动机重大关键技术，成为少数成功使用液氢液氧发动机的国家之一；中国成为世界上第二个掌握在高真空失重条件下二次点火技术的国家；长征三号运载火箭发射地球静止轨道卫星的运载能力为1.45吨，居世界第四；中国成为继美、苏、法、日之后第五个独立研制发射地球静止轨道卫星的国家。

这次发射，对于中国航天关键技术的跨越，对于中国航天综合实力的增强，对于中国航天国际地位的提升，无疑具有非同寻常的意义。

谢光选舒心地笑了……

这次发射引起不少外国同行的关注与认可。远在大洋彼岸的美国，代表着国际航天领域最高水准

1984年，长征三号运载火箭发射成功后，谢光选（前排左二）与有关领导、专家合影留念

的国家，其航空航天局局长贝格斯给中国航天部发来贺信。这位外国同行为中国航天人的成功而感到喜悦，他在贺信中热情地写道：你们完全可以为中国航天计划中这一重要里程碑感到自豪，为长征三号运载火箭的性能感到自豪，仅有少数几个国家达到了这次发射所显示的技术能力。

1986 年 5 月，在春意盎然的日子里，全国科学技术奖励大会召开。

科学的春天，百花齐放，争奇斗艳。中国各个不同领域里，涌现出了数以百计的科研成果。其中，在国防领域，以一院为主研制的液体地地战略导弹及运载火箭、长征三号运载火箭两个项目获得科学技术进步奖特等奖——这是国家在科学技术领域的最高奖项。而同一系统有两个项目同时获得特等奖，在共和国尚属首例。

鲜花与掌声献给了英雄的航天人，成就与辉煌属于勤勉的航天人。

难得的是，这两个奖项，谢光选的名字均赫然在列——在液体地地战略导弹及运载火箭特等奖获奖人员中，谢光选名列第十。在长征三号运载火箭特等奖获奖人员中，谢光选名列第一。

作为一院的代表，屠守锷和谢光选参加了这次大会。领奖台上，一派喜悦与欢庆；闪光灯下，屠守锷和谢光选精神焕发，意气昂扬！

对于屠守锷和谢光选而言，他们所代表的绝不是自己，他们代表着数以万计的航天人在这里领奖，他们知道，在这些成功与奖项中，无不凝聚着平凡员工的心血，凝结着全国600个协作单位的付出……

在工作中，谢光选有时候表现得豪放不羁，他曾经开玩笑地对下属说："文件？本总师的话就是文件！"简单自信的话语里，一派舍我其谁的豪爽！然而，在一篇回忆文章中，谢光选的回顾却客观真实：长征三号运载火箭是全国通力协作的结果，仅科研协作单位就有600多个，我要发自内心地向他们表示感谢……

1984年4月，"331工程"首次飞行试验部分试验队员合影（二排左六：谢光选）

4. 北京、基地一条心

航天大业，家国深情。经历了在试验队七个月的朝夕相处，谢光选感到，身边的同事是最可爱的人、最可敬的人，也是给他最多感动的平凡人——这份“感动”不是源于个人情感，而是源自他们的敬业、真诚，以及朴素而真挚的奉献精神。

从1983年9月12日至次年4月8日，试验队先后进场参试的有来自一院28个单位的458人，其中正式队员252名，其中，高工22人，工程师122人，工人28人，机关后勤人员80人。他们平均年龄45.4岁，中年以上占90%。谢光选认为，这是一支了不起的队伍：“我们这支队伍，作风过得硬，技术拿得起，生活上吃得了苦，能打硬仗，善攻难关。”

试验队员按照规章制度，进行了定岗、定位工作，严格了岗位责任制。试验队参加两次发射的岗位人员是324人次，其中一岗65人次，二岗259人次。两次发射前对岗位人员都进行过演练考核，使他们能胜任岗位，各尽其职，各负其责，各行其权，很好地执行了任务。

1984年1月，第一枚火箭发射后，发射场地遭到比较严重的破坏，而此时恰处于当地旱、雨季交替时期。为了给第二次发射创造条件，试验队员检修、更换了电缆，检修了设备，采取了防雨、防雷、防风、防沙等措施。为了确保第二枚火箭二次启动后不出问题，动力系统的参试人员在近一个月的时间里，埋头在数据堆里，伏在宿舍的床头和箱子上计算、分析、绘制曲线图表，书写故障分析报告……

春节前后，各台、站、船以最快的速度送来了极为珍贵的遥测数据300多万条。从1月29日夜里开始，试验队员们首先判读了第一枚火箭的遥测数据，接着组成故障分析小组，整理出急需的动力系统温度、压力、振动等36个参数，判读了几十万条数据，绘制曲线图230张，在占有大量数据的基础上，逐步得出结论——发动机主系统启动段高混合比燃烧和副系统燃气发生器头腔固氧爆燃出现故障，导致事故发生。对此，试验队采取了旁路增氧、吹除和延长发动机遇冷时间三项有力措施。为验证与落实这些措施，试验队先后派出 7 批 13 人次返京，设计结构图 65 张，下发技术通知单 35 份，先后发电报 20 份。整个过程中，共有 130 人参加了故障分析工作，累计加班 4000 多小时，这些都是确保发动机二次启动正常工作的有力条件。

从 2 月 10 日至 3 月 10 日，参试人员进行了技术阵地的水平测试。测试中出现的 22 个一般性问题全部得到解决，本着优中选优的原则，更换箭上仪器 19 台。这期间还进行了吹除系统的改装和相应的程配返修。

从 3 月 16 日至 4 月 8 日，试验队员们在发射阵地进行了运转、吊装、对接，以及分系统测试、系统匹配、总检查、射前功能检查，均未出现大的问题，为优选，仅更换了两台箭上仪器。

和这样的同事们并肩战斗，谢光选感到由衷的高兴。他看到，参试人员绝大多数是中年人，不禁感慨地说:“人到中年困难多，这次试验队在基地的时间比较长，毫无疑问，大家的家庭困难也就越多。很多人都是克服了个人、家庭困难来执行任务的。很了不起！”

人到中年，家里家外，负担沉重。试验队员中，多数人存在着子女升学、就业或者男婚女嫁的问题，但自己却远在巴山，无法承担应该担负的家庭责任。不少人的孩子、爱人、老人有病，甚至病重住院，他们也不能回去护理。一些同志得了病，却长期带病坚守岗位，坚持工作。还有的年轻同志，一再推迟婚期。在七个月的时间里，试验队共有 10 名队员家中的 11 位老人相继去世，但没有一个人回去料理后事，他们强忍着悲痛，专心工作……

源于这种勇于付出、肯于牺牲的精神，才铸就了最终的成就与辉煌！

不仅仅试验队员们上下一条心，此次发射中，身在基地前方和远在北京后方的人员，也是一条心！

鉴于基地两次发射连续进行的特殊情况，位于北京南苑的一院在院里的统一指挥调度下，采取了非常行动。正如《试验任务总结》中所提到的：

领导、设计、生产三结合，指挥调度一竿子插到底，24小时连轴转，突击完成，按时送来，确保了工程进度。为确保加工件的质量和精度要求，后方甚至把已经退休的老师傅又请了回来，连夜进行生产。半个月内在101站二号台上组织了三台发动机五次试车10次点火，在我院试车史上的确是前所未有。上述任务，效率之高，质量之优，速度之快，渠道畅通无阻，建院以来实属少见。

不仅仅是工作上的配合，在生活方面，一院各单位还帮助参试人员解除后顾之忧，让远在基地的“将士们”安心于“战事”。后方各单位分别成立了专门小组或服务队，联系参试人员的家属，做了大量的工作，保证其家庭生活正常进行。有些单位做的工作更是周到细致，体贴入微，实行“三包”，包换煤气、包买粮食、包买大白菜。而每逢节假日，单位领导挨门挨户地进行家访，问寒问暖。

当元旦、春节临近之时，参试人员会接到来自北京部、院、厂、所、站的慰问电、慰问信，会看到亲人们的录像，会听到家属的声音。这种亲切的安慰，这种温情的滋润，让试验队员们的心里暖暖的……无论经历多少次发射，这次在基地经历的七个月，是谢光选终生难忘的，难忘艰险时的集体攻关，难忘前后方的一体化合作，难忘全院人员上下一心的团结互助……

谢光选

谢光选院士传记

Academician Xie Guangxuan's Biography

第十二章

托举“外星”入轨精

发射亚洲一号卫星，还是挺惊心动魄的。不过我看了当地的雷雨记录资料，雷是在四周打，不会影响发射。所以，我坚持发射，结果成功了。

——谢光选

1. 风云际会出国门

相对于先进航天国家而言，中国航天起步晚、起点低，但起步晚并不代表水准落后，起点低也不意味着无缘先进。

经过多年的苦苦拼搏，20 世纪 80 年代的中国航天，在世界已然占据了不容小觑的一席之地。当中国的航天技术发展到一定阶段的时候，当中国航天在世界同行中得到认同与赞赏的时候，中国人自然把目光投向国际这片广袤的市场——在国际大舞台上一展身手，成为中国航天的战略性发展规划。

1985 年 10 月 26 日，中国政府正式向世界宣布：

中国自行研制的长征系列（长征二号、长征三号）运载火箭投入国际市场，承揽国外用户，提供发射卫星服务。

此时的国际卫星市场，多家鼎立，各有千秋，无论美国、苏联、欧洲和日本，都有比较稳定的发射渠道。对于中国这个迟到的后来者，一时之间，只引来了众多的关注和尝试性接触，距离实质性的进展与合作，似乎还有一段漫漫长路。

但谁也没想到，国际卫星发射市场却出现了出人意料的“逆转”。

1986年上半年，世界航天史上出现了一系列灾难性事故：美国“挑战者”号航天飞机凌空爆炸，机毁人亡。接着，大力神3D火箭、德尔它火箭以及欧空局阿里安－Ⅱ火箭相继遭到一系列的失败。

无可奈何花落去，似曾相识燕归来。

灾难频仍，重创连连，此时的国际卫星发射市场一片低迷，卫星发射用户并未减少，但能提供卫星发射的运载工具却所剩寥寥。于是，不少用户把目光投向了神秘的东方……

中国航天的机会，来了！

在对外宣传中，中国主要介绍的火箭有两种：长征二号丙火箭和长征三号火箭。前者从1982年开始到1988年8月，连续8次发射，成功率为100%。后者技术性能良好，在应用低温技术和高空二次启动技术方面，堪与世界少数航天大国媲美，获得了世界同行的赞誉。

成熟的火箭产品，成功的发射经历，引来不少国际卫星公司的青睐，美国休斯公司开始向中国航天伸出了橄榄枝。

这家曾经开创了卫星通信领域先河的大型企业感觉到中国这位后来者实力不凡，与中方频繁接触后，决定用长征三号火箭发射亚洲一号卫星。

说起来，亚洲一号通信卫星有着一段“传奇”的身世。它是美国休斯公司研制的HS－376型圆柱体卫星，高6.5米，直径2.2米，质量1.25吨，设计寿命10年，有24个C波段转发器。它的第一个用户是美国西方联合电报公司，1984年2月3日，美国“挑战者”号航天飞机将卫星送入太空，但因星载发动机出现故障，卫星未能进入预定轨道，停在一条无效的轨道上“晃悠”。为此，承担了保险责任的英国保险公司在支付了巨额赔偿金后成为卫星的新主人。这颗卫星后来被航天飞机“捕获”回来，几经辗转，数易其主，最后由亚洲卫星公司买下，命名为亚洲一号通信卫星，其使命是为亚洲30多个国家和地区的25亿人提供电视节目传输、电话和通信服务。

为承接到这项生意，中国航天人费尽心思，向对方展示实力，讲述我方的优势，最后赢得了合同——这是中国航天的第二单国际发射合同。此前，长征二号捆绑式运载火箭已签署了发射外星的合同，但其发射时间定在1992年，所以，长征三号火箭将是中国第一次发射外星。

在跟美国人谈判时，谢光选感觉，坦率的美国人有时候会有意无意地显示出一种心理上的优势——他们很自信地提出，让中国的型号总师与其技术人员会谈。谢光选注意到，这种型号总师与普通技术人员会谈的情形，在商业谈判技术中属于“身份的不对等”。

谢光选的态度简单而鲜明：“我觉得还是应该‘兵对兵、将对将’，这是国际惯例，讲究个平等对待，对方是总师，那我就出面，对方是普通技术人员，我去干嘛？”

虽然是为美国服务，但中国人没有必要过于谦卑。谢光选坚持认为，中美双方应派出对等的人员参与技术协调，即中国总师与美国总师协商，美国的普通技术人员与中国的普通技术人员协调。

虽然是第一次发射外星，虽然中国人热切地希望赢得合同，但是，中国航天人应该凭借成熟的技术实力去赢得合同，应该凭借热情、周到而细致的服务赢得合同，应该在尊重对方与获得对方尊重的前提下洽谈合同。

于是，在一般的技术协调问题上，谢光选安排中国的技术人员跟美国的技术人员接触、洽谈，而在一些关键或重要的技术问题需要协调时，谢光选则和美方的技术总监——一位名叫斯坦豪尔的美国人会谈、协商。

几次接触下来，原本陌生的两位总师居然有点惺惺相惜的感觉。谢光选感到：

这个洋腔洋调的“老美”还真不是空有其名，水平还真不赖！

而斯坦豪尔也认为，这位朴实的中国火箭总师也绝非浪得虚名，肚子里确实有真东西……

2. 不知不愠君子风

中国火箭走出国门的道路，没有捷径与坦途。在中美合作中，中国航天人承受的压力，总是大于其他国家的同行。按照国际惯例，从签订合同到发射卫星，一般需要 30 个月的技术准备时间，而中美合同则明确规定，亚洲一号卫星的技术准备时间只有 14 个月——还不足国际惯例的一半。

因为 1989 年“六四”风波的原因，美方对中国实施制裁，中美的技术协调被一再延迟。1989 年 8 月，中美之间才开始进行技术协调。此时，距离预定发射时间只有 8 个月，而中方还有大量的工作要做——要完成火箭上的 5 项技术改动，从设计、生产和试验都必须一次成功；要完成 5 项技术分析而且要通过评审，从理论分析、程序编制、计算到提出评审报告，都必须一次通过。

摆在中国航天人面前的这次任务，难度大、时间紧、任务重！

8 月 14 日，中国长城工业公司派出技术协调组赴洛杉矶进行首次技术协调，重点完成星箭机械接口、电气接口，以及卫星与西昌卫星发射中心之间的技术相容性协调等问题，并进行首次星、箭解锁分离试验。在此期间，美方主观地认为，中国没有能力完成难度最大的载荷耦合分析，所以，他们提出，这次分析由他们来做，而中国需要为此支付美方 200 万美元作为报酬。面对美方人员精明的眼神，中方设计人员回答得很干脆——我们自己可以解决，不烦美方代劳。

如此明晰而果断的回答背后，是中国航天人扎实的技术功底与无私的辛勤付出。火箭和卫星是一个整体，如果发生共振就会散架，因此需要做综合的动力学分析。从接受任务开始，“长征三号”的设计人员在普通计算机上计算了一个月，终于完成了任务，将计算结果提交到中美技术协调会上审核。

10 月 9 日，亚洲卫星公司在中国组织了第二次技术协调，重点协调动力学耦合分析、热环境和分离分析等。但协调中，问题出现了。对于中方提供的计算结果，美方不予认可。经过检查发现，双方的计算原始数据相同，可能由于计算方法不同，双方的计算结果产生了差异。

怎么办？究竟谁对谁错？一时之间，难以决断。

经过磋商，中方同意，按照美方的方法再进行一次计算。为此，中方第一次引入了美国的计算方法，重新编制软件，重新开始计算。

又是 20 多天的辛苦劳作，又是没日没夜的输入、计算！

“长征三号”的设计师们首先确定了边界条件，而后采用美国的计算方法，

谈判中的谢光选

完成了星箭耦合载荷分析计算。然而，出乎意料的是，此次的计算结果还是跟第一次一样，就是说，在采用了美国人的计算方法后，还是得到了和美国方面不一样的计算结果。

在赴美进行第三次技术协调前，中国技术人员坦率地把计算结果告诉给美方。但是对于这件事情的结果，大家的心里有些打鼓——谢光选明白，如果这次计算结果再通不过，那么，很可能面临推迟发射的局面，中国航天走出国门的脚步将被迫放慢，中国航天将陷入一种被动之中。想到这里，他的心里有一丝不安……

1989 年圣诞前夕，热闹的纽约，迎来了中国航天人。

12 月 11 日，当中方代表刚刚到达会场，尚未展开协调之际，美方一位专家就抢先登台，告诉大家：不用评审了，我们完全相信你们星箭耦合载荷分析的计算结果。中方代表愣住了，有点丈二和尚摸不着头脑。听了美方随后的解释，才恍然大悟——原来，美方后来发现，他们第一次的计算结果是错误的，经过重新计算，计算结果与中方一致，连小数点后面的第三位数都一模一样。

身在中国的谢光选听到来自大洋彼岸的消息，长长地出了一口气……

虽然是个误会，但通过这件事情，一向很是自信的美方航天人员对中国航天人的能力有了一定的认可——扎实、精确的计算赢得了美方专家的信任与友好。而中国航天人在此过程中展现出的君子风度，更赢得了美国人的尊重与敬佩！

人不知而不愠，不亦君子乎！

一时的不了解并没有什么，在长期的合作与交往中，自身的能力与素质是最重要的。随着接触的增多，随着实力的逐步展示，中国航天人凭借着自身的技术能力，获得了国际认可。中国航天通向国际市场的大门，在一扇扇打开……

3.周到细致老传统

走出国门，并不是那么简单的事情。经过30多年的发展，中国航天取得了一些成就，但都是国门之内的研究。而在走出国门之际，中国航天人才恍然发现，火箭产品的标准化，还是一个需要解决的问题。

以往的中国航天，运载火箭和卫星的研制是在国家统一领导下进行的，无论在技术上或是进度上，星、箭总能保持协调一致。但是，对外国卫星而言，卫星与火箭的相互适应性和兼容性，就成了一个新问题。

面对技术差异，谢光选和同事们商议，决定及时变通和修改火箭设计方案，与国际接轨。谢光选对总体设计人员阐明自己的观点："我们要引进国际标准，对设计进行一些修改。能相容的就不重新设计了，不能相容的，就要按照国际标准来改。"他语重心长地对大家说："与国际接轨是我们进军国际市场必须迈出的一步，迈出这一步，以后我们的路就宽了。"

为适应亚洲一号卫星的发射需要，长征三号火箭做了多次修改，最终达到了国际标准，具有了良好的适应性，走向了国际化。在中美双方的协调之下，遵照"小风险"的原则，亚洲通信卫星公司、美国休斯公司和中国长城公司多次协商，主要从五个方面审校、核实了"长征三号"和外星之间的适应性。

首先是动力学振动模态分析。作为合作双方，休斯公司和长城公司相互提供了卫星振动模态和火箭的外力函数磁带，之后，通过计算发现，二者是相容的。对此，双方均表示满意。此外，选择一些关键零部件，做了一些试验，验证其性能。随着试验的顺利进行，中美双方合作的基石已然具备。

其次是电磁兼容性试验。我国发射场的发射设施和美国不同。美国多用脐带塔紧系发射，我国则采用回转的工作平台铁塔，占地多、规模大，但同时，钢铁对电磁波的影响也大。比如，火箭的箭体上，整流罩装与不装、工作平台打开与合拢，都会对电磁场分布带来很大影响。为了获得有关数据，长征三号火箭的研制人员分别做了卫星、火箭和发射场附近无线设施的电磁干扰、电磁敏感度和电磁兼容性等各种状态的试验和测定。结果表明，中美双方在这个技术问题上是兼容的。

而之前，在制定试验方案时，谢光选组织设计人员对于另一种情况——卫星、火箭电磁不兼容问题，做了较为充足的准备——一旦发现不兼容，立即采取相应措施，彻底解决这个问题。

“万无一失，周到细致，这些老传统、老作风，任何时候都不能丢。”在会议上，谢光选一再强调这些理念和原则：“这是咱们中国航天人的优良作风，一定要坚持到底！”

中美之间协商的第三个主题是热分析。对于卫星在飞行过程中产生的热流，以及卫星进入整流罩后的热流，还有整流罩分离后高空的热环境等进行了分析，结果是彼此相容，能够互相适用。

中美之间协调的第四个问题是对大气（太空）污染采取的措施。维护太空纯净，是中美双方航天人员的心愿。按照休斯公司提出的要求，中方修改了整流罩的外形和尺寸，与亚洲一号卫星充分接轨。同时，在超尘度、温度、湿度、噪声等方面做了调整，达到了美方要求。

作为长征三号火箭的乘客，亚洲一号卫星须不受污染、减少振动，对所在的环境提出了一定的要求。对于这些，谢光选比较有信心："'两弹'结合的时候也存在这个问题，'乘客'比较娇气，那一次的难题，我们都解决了，这一次，我们照样能解决，没问题！"

按照发射计划，这颗卫星由美国波音 747 飞机运往中国。从下了飞机，到火箭升空前为止，卫星须存放在有空调系统的环境里，对温度、湿度等有一定的要求。为此，中方设计了满足要求的空调系统，并注重在转运过程中，减少振动，将主要环境参数保持在一定范围内，圆满达到了美方要求。

为避免火箭对卫星的污染，中方适当注重了一些设计细节，使用无污染爆炸螺栓。上下过渡锥的分离，改用压缩弹簧，避免了反推力火箭产生的喷射物对卫星形成直接污染。

中美讨论的最后一个重点是轨道理论分析。休斯公司提出，中方提及的远地点偏置应做适应性修改。于是，中方人员拿起笔，重新拟合轨道参数，复查入轨精度。经反复复核，中方拟定了新的飞行程序，通过了美方的鉴定。

火箭轨迹的改变还涉及卫星测控中心使用数据的修改，这是一项工作量极大的工作。为了与国际接轨，研制人员加班加点，完成了数据修改，并对软件输入接口进行了改进。

四次协调会，五个主题，反复协商，最终达成一致——形成的英文版接口文件多达 125 页。而经过修改后的长征三号运载火箭，符合了国际惯例与标准，通用性得到进一步增强。借此机会，中国航天人掌握了国际惯例与规则，积累了宝贵的国际发射经验。

有时候，难得的经历也是一种财富。

4. 风雨过后见彩虹

随着时间的流逝，火箭研制接近尾声。

1990 年 2 月 5 日，春寒料峭的时节，长征三号运载火箭出厂了。同一天，在西昌卫星发射中心，中外专家云集——中美双方第四次技术协调会在这里举行，重点评审验收发射设施和准备工作。2 月 10 日，承载着发射外星重任的“长征三号”搭乘专列，抵达西昌卫星发射中心。

此时的西昌，天气依旧寒冷，一派枯黄的景色，万物尚待苏醒。

为了保证发射万无一失，谢光选组织发射人员先后进行了 4 次质量复查和预想。发射场地上，随处可见身穿白衣的试验队员在奔走、忙碌。一遍遍地检查、巡视，试验队员们复查和预想出近 60 个问

1990年2月，谢光选（左四）等向上级领导汇报工作

题，并一一予以解决。

2月12日，亚洲一号卫星搭乘美国波音747专机抵达北京，同日运抵西昌。晚21点50分，卫星被送入专门的厂房——这里装有中方专门为其添置的一套空调装置。3月初，卫星进行了空调试验，取得成功。

随后的一个月内，随着春天的脚步悄然而至，星箭合练按期进行。

从2月18日至3月10日，中美双方的专家和技术人员通力合作，解决了卫星容器开门难和空调连接器脱落不可靠等技术问题，细化了联合操作规程。3月27日，亚洲一号卫星转场，顺利进行了星箭对接。

在与美方人员的接触中，谢光选一直保持平和的心态，坦率而真诚地对待来自大洋彼岸的"洋同行"，认真而严谨地对待这位中国火箭搭载的"客人"——亚洲一号卫星。

2月23日，身在靶场的谢光选听到法国阿里安运载火箭发射失利的消息，感到很惋惜，他对身边的人说："像运载火箭这样的大型系统工程，不是少数人的行为。它是多种专业成千上万人劳动的成果，一旦化为灰烬，是很可惜的，也是很遗憾的……"

据分析，阿里安火箭发射失利主要是一、二级没有分离造成的。对此，谢光选告诫大家："我们要引以为戒，一定要把火工品以及所有的电缆、接头处理好。否则，哪怕一个很细小的地方出了问题，都将贻害无穷。这次执行任务，我们要举一反三，不但要把各种故障查清楚，而且要拿出最好的产品上箭，以确保质量。关于这个问题，我们事先已有布置，我和几位副总师商量，这一发的上箭产品不能低于第六发。但现在看来，有些情况并不完全是这样。因此，大家要自觉地把最好的产品放上去，力争这次发射'亚星'一举而成，力争一步迈进国际市场。"

在谢光选看来，与资本主义国家不同的是，在中国，航天人都是运载产品的主人。既然是自己的产品，就要倍加珍惜，决不放过一个疑点，不留任何隐患，不带任何问题，一定要打好这发火箭：“我们是以国家利益、集体利益为重，每个单位都要拿出最好的产品，有 90 分的产品不拿 80 分的，有 80 分的产品不拿 70 分的。只要大家通力合作，坚持质量第一、安全第一，精心操作，我们就一定能够打好‘亚星’这一仗。”

说到兴致高昂处，谢光选拿起笔，写了几个字，写出了自己对试验队的希望和期待：齐心协力，以最佳质量，打好第七发，更上一层楼。

4 月 2 日，中美双方确定发射时间为 4 月 7 日，一个春花烂漫的日子。而这个日子是在召集当地的气象专家开会讨论、与美方协商之后，定下来的。专家们经过充分的讨论认为，发射那天，白天阴天，晚上能放晴。于是，在查阅了当地 50 年的气象记录，

任新民（右三）、谢光选（左三）等在火箭发射现场

进行了充分分析并得到了美方的首肯之后，确定了具体的发射时间。

这次发射，将创下两个第一：中国第一次发射外国卫星，中国第一次由中央电视台对发射进行实况转播。谢光选的心里，压力巨大！但压力与动力，往往就在一念之间。化压力为动力，潜心研制，方为上策。谢光选带领试验队员们认真、再认真，努力、再努力，目标很明确——万无一失！

1990 年 4 月 7 日，西昌卫星发射中心正值春季，雨水充沛的季节，空气里蕴含着一些湿润。

发射场内，一场中外记者招待会正在举行。招待会上，闪光灯频频闪烁。来自国内外的记者提出各种各样的问题，谢光选和同事们一一作答。

有一位外国记者发问："谢光选先生，您作为火箭的总设计师，此时此刻最敏感的问题是什么？"

谢光选平静而直爽地回答："记者先生，直说吧，您说的所谓'敏感问题'，就是指火箭会不会掉下来吧？"

记者微笑着点头，目光里有些许意外，些许钦佩。

谢光选不急不躁，欣然作答："火箭会不会掉下来，我们的行话叫作火箭的可靠性，或者叫作发射的成功率问题。我可以告诉您一个数字，截至目前，我已经参加过 48 次中国运载火箭的发射，成功率为 93%。这次是我第 49 次来发射场参加火箭发射，成功率依然可预计为 93%……再有一点可以告诉大家，经检查测试表明，准备发射'亚星'的这枚火箭，质量是很好的。各种元器件都经过了严格的筛选。可以满怀信心地说，我们是能够一举成功、胜利打入国际航天市场的。"

这种回答清晰明确，有理有力。

记者又追问了一个问题："万一掉下来了，总设计师先生有何感想？"

一时间，大家纷纷把目光聚焦在谢光选的身上，静下来聆听这位总师如何回答这个尖锐的问题。

谢光选自信地回答：“假设的问题也可以回答。我国这支航天队伍是经过千锤百炼的。尽管我们有成功的把握，但也有失败的准备。我们一定会做到胜不骄，败不馁，万一掉下来了，认真总结经验，找准失败的原因，并把它公之于世。”

辩证而坦诚，直接而真实。谢光选的回答引起了记者们的一阵掌声。

4月7日的西昌，天空乌云密布，雷声阵阵。雨，一直在淅淅沥沥地下个不停。雷雨中，承载着亚洲一号卫星的长征三号运载火箭静静地矗立在发射塔上，等待着发射的命令。

发射时间预定在晚上7点30分。现场的试验队员早早就进场了，可面对持续降雨的天气，大家的心里惴惴不安。

此时的谢光选也一改往日的镇定自若，忙前忙后。他一会儿跑到气象站去查问天气，一会儿又跑回指挥大厅查看数据。最后，他找来当地一位老乡——彝族同胞，询问当地的天气变化情况。这位彝族老乡七十多岁，他来到发射现场看了看天空，很是自信地说：“你们放心吧，晚上8点多天空就放晴了。”

经过查看当地的气象资料，谢光选看到，尽管是雷电区，但雷电的走向是在四周，不是在发射区

1990年4月，谢光选（右）与航天一院党委书记沈辛荪（左）在发射现场

正上方。于是，仔细研究之后，谢光选的心里有了少许安慰。

随着时间流逝，火箭发射准备工作全部就绪。

像以往发射一样，谢光选还是最后一个离开发射场，还是那样亲切地拥抱了笔直竖立的火箭，还是那样轻声慢语地述说着，还是那样充满深情地注视着这个即将飞天的"大家伙"……

发射控制室，在第一排操作手的后面，谢光选静静地坐着，与他同排端坐的有航天部副部长任新民，发射中心副司令胡世祥和火箭总体主任设计师徐盛华。控制室外，宽敞的指挥中心观看台上，来自中外的200多位嘉宾也都在静心等待……

果然，晚上8点左右，雨过天晴。但此时的云层依然很厚，还是不适宜发射。于是，气象专家们再次紧急会商，预计晚9点后天气会好转，乌云可能会散去。

晚8点40分，火箭再次进入倒计时。

晚9点左右，发射场上空乌云逐渐散去，星光乍现——火箭发射的机会来了！

9点29分，火箭进入1分钟倒计时。

恰在此时，意外再次发生！

火箭第三级发动机所用的液氢液氧推进剂具有较大的挥发性，需要不停地补加，以维持一定的液位。一分钟准备时，口令一下，加注连接器自动脱落，管道的摆杆让出空位。就在连接器脱落之后，火箭第三级周围突然出现了一片浓浓的烟雾！

烟雾把火箭三级和整流罩都环绕、笼罩在里面。

基地发令员焦急地询问：“怎么办？怎么办？”

此时，基地副司令胡世祥果断下令：“干！”

在大家焦虑的目光中，9 点 30 分，火箭腾空而起！

经过缜密的思考，谢光选认同胡世祥的果断处理。除了发射，此时别无选择。如果真的会有意外出现，那么最明智的抉择就是让火箭升空，在空中完成爆炸，而决不能让其在基地过多停留。基地的地面上，不仅仅有大型设备，还有那么多宝贵的生命——基地官兵和试验队员，他们都在发射现场，一旦火箭在发射台上发生爆炸，后果不堪设想！

从胡世祥身上，谢光选看到了一名优秀指挥员的优良品质——果断坚毅，干脆利索！同时，他也感觉到，自身还有需要提升的空间——对于这种突发情况，试验队没有制定相关预案，这是以后要加强之处。

随着火箭的升空，谢光选屏住呼吸，紧紧盯着屏幕，他的内心深处，有一

谢光选（左）与胡世祥（右）在发射场

种紧紧揪在一起的疼痛感觉。环看四周，身边的同事个个面色凝重，谢光选知道，他们的内心，都有同样的凝重！

回看大屏幕，火箭在昂然高飞！

屏幕显示，火箭顺利升空……

屏幕显示，火箭飞行正常……

一声声测试结果传来——

三级起旋正常！

星箭分离正常！

卫星准确入轨！

随着结果的一步步显示，谢光选紧紧揪在一起的心渐渐舒展，一种轻快的喜悦在心中升起。

明确的成功消息传来，一时间，发射现场的人们欢呼声鹊起……

与以往的发射不同，经历了发射前十几秒时发生的小插曲，谢光选对此次

1990年4月7日，长征三号运载火箭发射亚洲一号卫星

发射有一种难言的感触。他看到，身边的同事，年轻的试验队员们，紧张尚未去除，喜悦乍然充满心房，在经历了情绪的大起大落之后，在成功到来之时，泪水充盈了原本充满辛劳的眼睛。谢光选有一种感慨：“搞火箭的人，没有一颗坚强的、能承受巨大压力的心脏，是不行的！”

10 分钟后，中方向美方提供了卫星入轨参数——卫星进入大椭圆轨道，近地点误差 1.7 千米，误差率 5.6‰；远地点误差 47 千米，误差率 1.2‰；入轨倾角误差率 0.01‰。这是中国发射卫星精度最高的一次，在世界上也很少见。

这次发射，让中国的火箭跨出了国门，在国际市场，占领了一席之地。从这次发射开始，中国火箭，成为世界卫星运营商们的又一个选择。

说来也巧，火箭升空后，发射塔上空的乌云又闭合、聚拢在一起——仿佛是上天的特意安排，仿佛是冥冥之中老天对中国航天人的格外体恤，恰在不迟不早间，留驻了一个火箭发射的绝佳时刻，成就了中国航天的一段神奇……

尽管发射成功，谢光选还是认真关注了发射前的“烟雾”问题。原来，在火箭第三级加注液氢液氧的连接器脱落之后，加注口还有一些剩余的低温液氢液氧，遇到正常的温度和潮湿的环境，就变成了雾气，形成了烟雾缭绕的情况……

这下子，谢光选彻底放心了。

4 月 7 日，国务院发来贺电，祝贺亚洲一号通信卫星发射成功。外国媒体也纷纷报道和发表评论，盛赞中国长征三号火箭技术先进、性能可靠，打破了一直由美国和欧洲垄断的卫星发射市场。

美联社发自西昌的消息说：“发射成功时，整个山谷沉浸在欢呼、鼓掌和喜悦之中。中国人和美国人相互祝贺。”

新华社巴黎 4 月 8 日电：法国舆论指出，亚星发射成功，使“中国跻身于迄今为止一直被美国和法国所垄断的卫星发射市场”。

美国《基督教科学箴言报》4 月 9 日发表文章指出："亚洲一号卫星 4 月 7 日的成功发射不仅是一项技术成就，而且也是一项重大的外交成就。"

苏联塔斯社从北京发出的电讯说，中国在航天史上第一次电视直播了火箭发射过程。"浓烈的白色烟团，运载火箭喷出绚丽耀目的烈焰，火箭平稳地离开地面并且在读秒中刚健地进入夜空。"

菲律宾《世界新闻》题为《中国长征火箭打入国际市场》的社论说，4 月 7 日发射的"长征三号"，格外令人惊叹和瞩目，因为它把一颗美国卫星送入预定轨道。社论指出，事实证明，中国依靠自己的力量设计制造的"长征三号"在技术上是信得过的。

泰国《中华日报》的评论说："中国发射卫星技术优异，而收费比西方国家便宜，将有更强的竞争力。"

瑞典空间公司总裁伦诺特·吕贝克说："我们一直对中国发射亚洲一号通信卫星一事很关注。这次成功发射再次表明了中国空间技术的水平，使中国在世界卫星发射市场确立了地位。"对中瑞两国空间技术合作，吕贝克先生说："我国对中国空间技术的可靠程度是有信心的，今天更加充满信心。我们期待着同中国在空间技术方面进行更多的合作。"

5 月 7 日，美国休斯公司副总裁多夫曼对中国航天人说，他对中国的这次发射有三点感触：一是气象预报准确，二是发射时间准确，三是卫星入轨精度高，是休斯公司已经发射的 32 颗同类卫星中入轨精度最高的一颗。这位坦率的美国人兴奋地说："中国是一个神秘的国家，也是一个奇怪的国家。有些看起来很容易的事情办得不怎么样。但这么复杂的空间技术居然又干得如此漂亮，而且速度之快，效率之高，令人吃惊！原先我是竖一个大拇指，现在啊，我要竖两个大拇指。中国不仅有第一流的火箭技术专家，而且有第一流的组织指挥专家。"

谢光选知道，精度高对于卫星而言，有着不一样的意义。不只是一个数据精确那么简单的事情，入轨精意味着卫星与定点的位置比较靠近，将其调整到预定位置就比较简单，消耗卫星自带的推进剂就少，卫星的寿命就长。这次发射的亚洲一号卫星，由于精度高，根据估算可以使卫星延长一年的寿命。这颗卫星有 24 个转发器，每个转发器一年的租金是 150 万美元，这么计算下来，相当于休斯公司大体增加了 3600 万美元的收入。

而此时的谢光选，又戏剧性地再次光临医务室，又一颗牙齿，在不知不觉中松动。在医生的引导下，再一次在不经意间，一颗坏牙被拔了下来……

望着镜子中残缺不全的牙齿，谢光选心里一阵无言的悲喜交集。悲的是好好一副牙齿在多次发射之后，几乎“缺兵少将”，发未秃、齿已疏；喜的是尽管历经磨难，尽管压力重重，但是，在大家的努力下，中国航天走向了成熟，走出了国门，中国由此成为了航天大国，这，怎能不令人欣慰和骄傲呢？

谢光选在西昌卫星发射中心

谢光选

谢光选院士传记

Academician Xie Guangxuan's Biography

第十三章

古稀壮志多真知

航天是一项严肃的工作，不能当儿戏，更不能掉以轻心，要用系统工程来管理。要钻研进去，这样才能出成绩。

——谢光选

1. 淬炼经验谈管理

1990 年 4 月，发射完亚洲一号卫星之后，68 岁的谢光选退居二线。回顾自己的航天从业历程，谢光选计算了一下，自己参加和参与组织的发射共有 49 次，其中 46 次获得成功。对此，谢光选欣慰无限！

1988 年，在担任长征三号火箭总设计师时，谢光选当选为国际宇航科学院院士。在退居二线后的 1991 年 9 月 16 日，69 岁的谢光选被任命为航空航天工业部科学技术委员会顾问。同年 12 月，当选为中国科学院学部委员（1993 年 3 月改称“中国科学院院士”）。1995 年 10 月，谢光选荣获“何梁何利科学与技术进步奖”。

此时的谢光选可以用事业有成、功成名就来形容，声誉在外，荣耀满身。但他没有太多的时间去自我欣赏，这位已近古稀之年的老人开始了生命金秋时节的思考与淬炼。

几十年的航天生涯，几十年的国防岁月。经历了军旅生涯，经历了科技人生，经历了成功的喜悦，经历了失败的焦灼，经历了危难之时的勇毅承担，经历了发射关头的慨然果断，谢光选回首人生，感慨万千。

谢光选与家人的休闲时光

但这位理性的火箭专家没有心思去抒情与描写心里的感受，而是拿起笔，撰写文章，想把积累了一辈子的管理经验、研制体会与工作感悟写出来。

写出来，管理的心得与实施的方式；写出来，技术的进步与成功的体会。让后人熟知前人的经历与过程，让后人站在前人的肩膀上站得更高、看得更远……

酝酿再三，谢光选总结了我国运载火箭的特点：

第一个特点是技术协调多。只有人与人之间协调好了，火箭各分系统，各种部件、组件、器件以及地面各种支持设备才能协同一致地发挥作用。

第二个特点是协作面广。以“长征三号”为例，其主要研制单位分布在中国的五省两市，一次协作单位达到 700 多个。中国航天推动了中国工业的发展，带动了相关事业的飞速前进。

第三个特点是研制周期长。以“长征三号”为例，最早开始于 1971 年 1 月 16 日，直到 1985 年后才试飞成功，前后跨越了 14 年……

“长征三号”研制，按照阶段划分，共有 12 个分步目标，连贯成一个完整的研制程序。

（1）预先论证：开始于 1971 年 1 月 16 日。

（2）方案论证：结束于 1975 年 8 月 15 日。

（3）课题研究：立题结束于 1978 年 3 月。

（4）方案设计：结束于 1978 年 3 月。

（5）初样三个系统综合试验：结束于 1980 年 11 月。

（6）初步设计：1980 年 10 月告一段落，事后证明为结束。

（7）试样三个系统和可靠性循环试验：结束于 1982 年 2 月 8 日。

（8）系统试车：1981 年 12 月 31 日和 1983 年 8 月 11 日。

（9）各系统鉴定性试验结束，做出装箭结论：火箭于 1983 年 6 月开始总装。

（10）飞行试验准备：合练和电磁相容性试验于 1983 年 10 月结束。

（11）飞行试验：1984 年 1 月 29 日和 1984 年 4 月 8 日。

（12）设计状态冻结：第三发于 1986 年 2 月 1 日发射。1986 年怀柔会议冻结状态。

这 12 个程序在执行中不是一成不变的，其内容或多或少会有一些修改，局部方案甚至要多次修改，但整体目标没有变。就是按照这个程序，长征三号火箭一步一个脚印地开展研制，稳步前进，直到飞行试验结束。

第四个特点是可靠性高。火箭在诞生、成长和发展中要达到高可靠性，就一定要做好质量管理工作，达到箭箭成功。

在管理方面，中国有自己的独到之处，但也需要放眼国外，学人所长。我国采用的是设计师系统和行政指挥系统两条线，以型号为纲、带动科研和基本建设，硕果累累。但是，在解决了型号有无之后，在研制下一代火箭的过程中，应该整体统筹，结合国内外形势，做出是否开展型号研制的决定，而后开展技术攻关。他认为：“如果国际形势不那么紧张，也可以不用出那么多型号，可以把经费投到提高型号指标的关键课题上。这种做法是属于系统工程中的动态规划。如果依然沿用以型号为纲，不可避免地会出现型号下马的情况，这个浪费是惊人的。”

美国的 NASA、欧洲的 ESA、日本的 NASDA，这些组织的管理都有其独到之处，值得中国借鉴其长处，为己所用。

谢光选在《运载火箭的特点》一文中写道：

（1）这些组织大体来讲是半官半商，以一国之力、或者数国之力，采用预算、概算和决算进行经费管理，向国家最高当局负责。

（2）这些组织进行概念设计、方案论证、方案设计和初步设计，给科研单位提出箭上或地面的单项课题研究任务书，与科研单位订立合同，获得硬件。硬件齐备之后，组织或主持大型试验和飞行试验，直到获得成功。这些组织一般不出制作图纸或很少出制作图纸，是以软件为主的技术、计划、经费三合一的责任体。

（3）有一批投资大、使用次数较少的非盈利站或中心，直接或间接地属于这些单位领导或指导，例如动力试验站、跟踪测量控制站和发射中心等。

谢光选希望，新一代的航天人要善于吸取国内外的经验教训，把目光投向世界，站在自己这一辈人的肩膀上，为中国从航天大国走向航天强国做出更大的贡献。

2. 质量优异重管理

年近古稀，壮心未已。谢光选认为，虽年事已高，但自己不能无所事事或颐养天年。他依然保持着早起勤学的习惯，依然捧起一本本科技书啃读钻研，在知识的海洋里游弋着、吸吮着……而越是钻研，越是能结合实践去思考。谢光选仔细回想着自己几十年的航天生涯，认真总结着导弹、火箭研制与管理经验，撰写文章，发表出版，留给后人。谢光选认为，这些文字无一不是他学术成长和技术成熟过程中积累的精华。这些精华来自于中国航天，也应该回馈于中国航天。

作为火箭技术的研究单位，中国运载火箭技术研究院一直把产品质量摆在相当高的高度——质量是政治，质量是生命，质量是效益。是啊！唯有高质量的火箭产品，才是成功的保障，才是火箭事业发展的动力，才是中国航天做大、做强的前提与基础。任何一个航天专家，无论其从事哪一个专业领域，都不会不重视质量问题。

谢光选也不例外，在他看来，质量是一件头等大事。

谢光选认为，大型运载火箭的质量可以这样描述——

质量 = 使用性能的适应性 + 可靠性

通俗地讲，使用性能的适应性就是指搭载的卫星不同，要求自然不同，而火箭则应根据这些不同，做出设计修改，以适应卫星的发射。

可靠性包括三个环节：第一个环节是可靠性指标的确定，由设计师系统负责。第二个环节是可靠性的保持，由各承制厂负责，设计师系统对解释资料图纸和处理超差代料负责。第三个环节是可靠性的增长，由型号系列质量保障系统提供信息，由设计师决定采用与否。

可靠性的高低与飞行试验成败息息相关。可靠性高，火箭飞行成功概率就高；相反，可靠性低，飞行试验失败就多。

火箭飞行失败有两种类型，一种是必然性失败，这表现在重复性出现故障；另一种是偶然性失败，这表现在故障出现在一些火箭部件或系统上。

必然性失败大多由方案不当或者对原理性问题认识不足所导致，多发生在飞行试验前期。偶然性失败大多由材料缺陷、器件质量、工艺不当、操作失误所导致，主要发生在整个飞行试验中，多属于管理问题……必然性失败一经采取相应措施，就不会再次出现。通过质量保障可以提高运载火箭的质量，使可靠性迅速增长。

谢光选认为，避免必然性失败的关键在于立题与攻关。每个型号的火箭研制都会使用新技术，但不可过多。型号研制中，新技术攻关的工作量占整个型号研制的工作量不宜超过 30%，否则攻关不下，贻误进度，就有可能埋下隐患，造成首次飞行的失利。

谢光选以“长征三号”为例，总结了质量与可靠性管理的经验，共计十一条。

学习现代化办公的谢光选

每一条都是谢光选几经思考后的经验提炼。

（1）可靠性设计技术的推广和应用，有力地提高了产品的固有可靠性。“长征三号”研制工作一开始，总设计师就明确了“长征三号”可靠性设计原则，即在满足总体技术指标的前提下，尽量采用成熟技术；设计中正确处理先进性和可靠性的关系，广泛采用可靠性设计技术和可靠性试验技术。在上述原则指导下，“长征三号”从总体、分系统到单机，从箭上产品到地面设备，广泛采用可靠性设计。在前三发火箭飞行试验后，开展了从单机、分系统到全箭的可靠性评估工作。通过评估发现可靠性薄弱环节，通过制定可靠性保证大纲，采取有效的可靠性增长试验等措施，提高产品可靠性水平。

（2）设计评审是保障设计质量的有效措施。“长征三号”总设计师签发了《长征三号设计评审工作的通知》，下发各承制单位，组织了院局级 42 个重点项目的设计质量评审，再加上各单位自定评审项目，箭上产品和地面测试发射设备都逐项做了评审。经过评审，集思广益，堵塞漏洞，消除缺陷，完善设计，提高了设计质量。

（3）质量信息反馈，促进型号可靠性不断增长。在“长征三号”研制中，制定了质量信息反馈措施，组织了生产、试验、总装以及发射场合练、飞行试验的质量信息收集、加工和反馈，做到了及时、准确，并形成了闭环质量信息网。

通过千余条质量信息反馈，逐渐在正式上天的火箭上落实，使可靠性不断增长。

（4）抓好元器件、原材料的质量控制，保障产品质量。按照一定的标准选用元器件，加强验收工作。正式用于箭上时，再做进一步筛选。对元器件的生产年限和存储期做出严格规定，对生产和试验中失效的元器件进行认真分析，消除失效基因。

（5）实行严格的质量控制，提高生产质量。在产品的制造加工中，严格执行各项质量管理法规，推行全面质量管理，并根据每个型号的不同特点，采取有针对性的、行之有效的质量保证措施。

（6）加强各系统的综合试验和匹配试验，对于保证接口协调、参数匹配、可靠性增长具有重要作用。运载火箭系统复杂，设备众多，承制单位多，协作面广，参数匹配困难，必须加以重视。系统综合测试不仅是系统联试，而且也是仪器、分系统质量验收和可靠性增长的手段。

（7）质量复查是保证产品质量行之有效的办法。事故预想和质量复查体现了“预防为主”的思想。每复查一次，就解决一批质量问题和技术问题，对于产品质量起到了事前控制的作用。

（8）重视设备质量，提高临射设备的可靠性。“长征三号”的研制打破了过去“重箭上、轻地面”的思想，严格了地面设备的质量控制，加强了各种可靠性试验和模拟发射条件下的各种环境试验，提高了地面临射设备的可靠性。

（9）加强厂际的横向联合，沟通质量管理的渠道，统一质量要求，明确责任制。对于全箭的质量要求，要外发到配套产品承制单位共同执行，建立质量信息网，有问题及时反馈，加强配套产品的质量评审和验收工作。

（10）加强靶场质量管理，是发射成功的重要保证。主要体现在着眼于过去，即回忆和复查；着眼于现在，工作中强调一个“严”字；着眼于未来，加强质量反馈工作，防止故障再发生。

（11）加强计量工作，为研制工作提供可靠的检测手段。对于生产、试验等所使用的通用工具、仪器仪表等，要定期检查，保证加工精度和测量精度；对于专用工具和设备，在使用前要进行检修和鉴定，合格后再投入使用……

对于提高可靠性的技术途径，谢光选也提出了自己的看法，主张从提高技术人员的思想观念和加强自动化、减少人为因素的影响等多方面予以重视。他说：“人是具有不稳定性的，只有强化正确的观念，才能减少人为因素，减少随意性。这就需要学习……”

目前的中国，已然是世界航天大国，这是谢光选和千千万万个同事共同努力的结果。但是，中国航天不能停下前进的脚步。试看环球，更上层楼；极目天宇，志在千里。自己已经是“过去式”了，谢光选发自内心地希望，中国航天的“现在式”和“将来式”，能秉承前人的志向，目光高远，精诚铸剑！

3. 能干能说会管理

专注在火箭事业中，谢光选很少在意人际关系中的亲疏远近，也没有精力在利益方面去锱铢必较。但谢光选也有自己看重的地方，也有自己内心的诚挚期盼，也有自己关注与思考的焦点。

人才，航天专业人才的持续性培养，是谢光选一直最看重与期盼的。从踏入航天事业开始，谢光选亲眼见识了航天奠基者钱学森当年如何重视、选调与培养人才。他们那一代人，有许多都是钱学森不辞劳苦，从全国各地选拔而来、多次培训后走上航天道路的。而今这代人在铸就了诸多辉煌之后功成身退了，但是，航天事业还要继续，需要更专业、更精深的人才来延续辉煌。谢光选认为，人才是关系航天事业进退攸关的重要命题，自己有这个责任，去关注这个命题，关注人才的选拔与培养。

1980 年 5 月 3 日，谢光选被聘为北京工业学院兼职教授。

1987 年 3 月 30 日，谢光选被聘为国防科学技术大学航天技术系兼职教授。

1992 年 5 月 4 日，谢光选被聘为炮兵工程学院兼职教授。

1993 年 5 月 18 日，谢光选被聘为南京理工大学名誉教授。

1999 年 10 月 8 日，谢光选被聘为北京航空航天大学兼职教授。

在兼任学校教授的过程中，谢光选希望，通过自己的传播，在风华正茂的年轻人心里，播下航天的种子，延续钻研的精神。未来属于他们，中国航天的发展，需要年轻血液。

2002 年，谢光选被沈阳理工大学聘为名誉校长。这座高校的前身是东北兵

2002年，谢光选在北京航空航天大学作学术报告

工专门学校，创建于1948年。1960年组建成立沈阳工业学院，在沈阳兵工厂时期，谢光选曾在这里当过兼职教师。为此，学校聘请谢光选担任名誉校长，以激励学子。在和校方的接触中，谢光选依旧是书生本色，不仅介绍了当前航天的成就，还特别提到爱因斯坦的《相对论》、钱学森的《系统论》和维纳的《控制论》，称这些是人类伟大的科学成就："在科学研究中，不仅具有伟大的理论意义，而且具有重大的方法论意义。这些理论对人类的生产活动产生了重大的影响，并且在实际应用中已经取得了极其辉煌的成就，建议学校开设《系统论》《控制论》等课程，为国家培养所需人才做出应有的贡献。"

人才的培养，尤其是知识渊博、实践经验丰富的专业人才的培养，不是一朝一夕之功，是一个需要长期探索的世纪命题。如何把先进的技术、技能和经验完整地传承下去，如何把优良的传统作风和精益求精的精神延续下去，这是谢光选思考的关键所在。

谢光选曾接触过一个苏联专家——克斯罗姆。

谢光选问他："苏联是怎么解决人才培养问题的？"

克斯罗姆说，苏联的专家在做完设计以后，年岁已高之时就转到学校里去教书，把他们肚子里的学问通过授业解惑和编写教科书等方式留传下来，传诸后人。比如，搞工程设计的人在工作中遇到了问题，可能用很简单的办法就解决了；但是从做学问的角度来讲，牵涉或引申的知识会很多。一旦深入下去，就会涉及好多方面的学问。也就是说，既要知道"怎么做"，更要清楚"为什么这么做"，这才是对知识最完整、最精准的掌握。

谢光选颔首赞同。苏联这种工程技术与学术研究的良性结合，对提升专业人员的实际技能大有裨益，这是学术与实践结合的良性循环。在谢光选看来，苏联设计的导弹在概念的掌握上比美国好得多，

谢光选（左一）为沈阳理工大学兵器博物馆题字

就是因为它有这种良性循环的机制。尽管苏联的工业基础和科技水平都不如美国，但是，在导弹和喷气式技术方面，却一直是领先全球的。在这些方面，中国应该借鉴他国的长处，用他山之石，学他人所长。

而在专业知识之外，谢光选认为，中国的科研人员应具有良好的表达和管理能力，这样在沟通与协调方面才能更好地游刃有余。这恰恰是中国科技人员所缺乏的。

君子讷于言而敏于行，这是部分国人比较注重的传统理念。过分地善于言辞往往被认为浮夸与吹嘘，而脚踏实地、注重实践则被认为是最正统、最有利的。谢光选不否认实践的重要性，但是他同时认为，凡事都不能绝对化。不用夸大其词，使用精准而清楚的语言表达出清晰的主题，逻辑完整，思维缜密，是一个尖端科学技术人才所必须具备的能力。如果没有这项能力，对工作是不利的——“上”，不能清楚而简要地表达自己的想法；“中”，不能与不同技术领域的人员进行良好的沟通与协调；“下”，不能提出明确的要求、带领团队完成任务。

所以，谢光选认为，从事尖端技术的人才，必须具备四个方面的能力，缺一不可：“第一是工作能力，第二是工作经验，第三是表达能力，第四是管理能力。”

四种能力兼具，才是最合格的人才。在与新一代航天人的接触中，谢光选欣慰地看到，他的后继者们都能做到勤勉、认真、坚忍。

桐花万里丹山路，雏凤清于老凤声。

在后来人的身上，谢光选看到了中国由航天大国迈向航天强国的希望，愿意把自己几十年宝贵的工作经验和人生感悟、深切体会撰写出来，留给这些最可爱的人。正如谢光选所说——

新一代航天人是最有希望的。站在我们这代人的肩膀上，中国航天应该走得更远、飞得更高！

4. 世事无常难“管理”

在工作中，谢光选技艺精深，成就不凡。生活中，他动手能力极强，善于修修补补，但在如何生活——吃穿住行方面，却十分欠缺，一直是妻子、儿女照顾的对象。

有一次，谢光选发现家里没肥皂了，一问全家人，妻子、孩子、阿姨都说没有了，不由得有点着急了。他想马上就用，于是，便跑到商店，指着肥皂说：“我要肥皂！”售货员问：“要多少？”谢光选说：“你装一箱子吧。”待售货员装好一箱子肥皂，开始计算价钱，谢光选才想起自己忘了带钱！

这时，二儿子谢刚气喘吁吁地跑过来：“爸爸，妈妈让我跟着你。”

作为妻子，吉珍谦十分了解谢光选。看到他匆匆忙忙跑出门去，赶紧对谢刚说：“他多少年没买过东西，说不定又出什么岔子呢。快，跟着去！”

于是，谢刚飞奔下楼。赶到商店时，果然看到父亲尴尬的场景……

还有一件事，谢刚难以忘记——自己的专家父亲居然不会乘坐公交车。

20 世纪 90 年代的一天，谢光选想去城里办事。本来有资格从单位派车的谢光选不想麻烦单位，便打算自己坐公交车去。经过查询，他知道需要坐 341

路公交车，可怎么找不到车站呢？转来转去，直到心里起急，都没找到车站在何处。正在郁闷的时候，谢刚跑了过来。原来有个邻居看到谢刚，告诉他说："你快去看看你爸爸，他在路边到处转，也不知道在干什么呢。"

谢刚立即赶到车站，果然，父亲正围着车站打转。问清楚情况后，谢刚一抬手，指着站台上的341路车站牌说："不就在这里吗？"

……

但是，在音乐上，谢刚承认，这个父亲不简单。

谢光选素有弹奏乐器的嗜好。对他而言，音乐不仅是陶冶情操的方式，也是缓解压力、调解情绪的重要途径。在音乐的殿堂里，谢光选能舒缓紧张的情绪，能减轻心头的重压，能在"叮叮咚咚"的韵律声中，获得心灵的宁静与平和。

无意插柳柳成荫。在谢光选的引领之下，一家五口人，都有着良好的音乐素养。从小到大，家里的娱乐活动就是音乐大合奏，唱歌的、演奏的，分工不同。谢家三个孩子，无论钢琴、小提琴还是笛子，拿起来就能演奏，有些还能达到专业水准。而这种"音乐调节法"也成为谢家人的共同选择。即使生活中有些不如意，但在家人一起演唱与演奏之后，大多能烟消云散……

然而，现实生活当然不只是吟咏歌唱，有时候，人生的惨烈是出乎人意料的。在长征三号运载火箭发射亚洲一号卫星当年，1990年，谢光选的长子谢书毅离开了人世。

谢书毅1949年出生于沈阳，后来跟随父亲来到北京。在弟弟谢刚的眼里，这位兄长真是多才多艺，无论拳击、乒乓球，还是游泳、滑冰，哥哥都精于其道，而且人很聪明，在学习上更是顶呱呱。谢刚至今还记得，哥哥颇有点父亲"书痴"的劲头，很喜欢数学，常把自己锁在屋里钻研数学题。一旦听到从屋里传来爽快而得意的笑声，谢刚就知道——这"书痴大哥"又攻克了一道难题……

和谢刚一样，谢书毅也曾当兵服役，之后考上大学，后来分配到一院703所工作，娶了个能干的妻子，有了可爱的孩子，一家三口，甚是美满。美中不足的是，谢书毅人到中年，身体发福，心脏有些不大好。见到儿子总是按照医生的嘱咐去开药，谢光选和妻子没把这种病放心上——只要按时吃药，没啥大事……

但是，意外发生了。

1990年7月，正值酷热的暑假，谢书毅在游泳时觉得心闷、气短，于是赶快上岸，赶往医院。在谢刚的帮助下，谢书毅来到附近的711医院。而此时，正是中午，急诊室内医生寥寥。采取了一些紧急措施之后，谢书毅被送进急救室，却再也没能醒来……

惊闻此噩耗，谢光选一时悲从中来！

——人生悲痛，莫过于白发人送黑发人！

因为第一个孩子，第一个爱情的结晶，谢光选品尝到了身为人父的喜悦。每次见到孩子，工作的忙碌与辛劳顿时减轻了不少。虽然后来没有更多的时间去亲手关爱，也没有过多的言语交流，但是，有哪一个父亲不把孩子放在心尖上呢？又有哪一个孩子的病痛疾苦不让父母牵肠挂肚呢？

在工作上，谢光选一直主张要会说话，只有语言清晰、有条理，才能协调上下。可在现实中，在对待孩子方面，谢光选却一直不善言辞。尽管心里是满满的关怀与爱护，可就是说不出来……而今，这个心爱的儿子，因为疾病，早早地离去了，甚至没有留下一句话，谢光选心里的痛苦，无以言表！

在翻检儿子的遗物时，谢光选发现，儿子的抽屉里，整整齐齐地摆放着各种药物，降压灵、复方丹参……都是他平时应该服用的药物。而他，却从来都是只开药、不吃药……

看到这些，谢光选更后悔了。自己是一个航天专家，有能力组织大家开展科学研究，有能力解决科学难题，但却忽视了儿子的健康。妻子吉珍谦也是自责万分——自己身为大夫和母亲，却没有更多地关心这位病患儿子……

谢光选常想，假如，假如自己对孩子多一些关心，假如自己平时多督促孩子吃药，是不是就不会这样了呢？但是，人生没有假如。尽管悲痛欲绝，但他知道，现实是无法逆转的。第一次，谢光选感到人生的无常……

喜悦与悲伤交迭，高潮与低谷相伴，也许，这就是人世间的相生相克，也许人生就是这样悲欣交集。

面对痛苦的妻子、哀伤的儿媳、悲痛的孙女，谢光选尽力去安慰他们。第一次，他体会到世事难料。但是，他更明白，尽管这种悲伤与不幸就是人生中难以剥离的一部分，但，一定不能被打败。就像火箭研制一样，尽管遭遇失利，但不能丧失人生的底气，迎难而上的豪气，不能只是在工作中；在人生这个大课堂里，也需要顽强、毅力、忍耐……

——哪怕只为了逝去的孩子，也为了活着的亲人，谢光选要求自己：坚强面对。

满目青山空念远，不如怜取眼前人。

人生的悲痛，且勇敢面对，人生的低谷，且从容平和。收拾起巨大的悲痛，谢光选知道，自己以后应该在工作的同时，更加关注自己的亲人，给他们更多的关心、问候，让这个悲痛的家庭，更多一份相互鼓励的温暖。

——唯有如此，才能让孩子的在天之灵安心……

谢光选

谢光选院士传记

Academician Xie Guangxuan's Biography

谢光选院士传记
Academician Xie Guangxuan's Biography

第十四章

助力航天热与光

我特别想告诉年轻人，在中国的土地上，经过努力，一样能有成就，一样能报效祖国。没留洋的人也能当院士，老谢就是个例子。年轻人，加油！

——谢光选

1. 长江后浪推前浪

江山代有人才出，各领风骚数百年。

谢光选先后参与或组织的航天发射成功率约为 93%。离开了最前沿的工作之后，不少邀请纷至沓来，邀请这位知名院士为某项技术或某个课题担任评委或评审专家。而这个时候，他都愿意尽职尽责，不遗余力。

谢光选看到，一院研制的长征二号火箭经过多次改进，已经成为一个完整的火箭系列："长征二号丙""长征二号捆""长征二号丙改""长征二号 F"……功能各异，型号齐全。而"长征三号"也在原先的基础上衍生出"长征三号甲"、"长征三号乙""长征三号丙"等。而"长征五号""长征七号"，作为最新一代的运载火箭也正在设计与研制之中，这两个火箭家族里最后诞生的"小弟兄俩"或高大威猛、或短小精悍，还具有系列化、组合化、无毒、无污染等特点——当前的火箭研制，实在是日新月异啊！

落红不是无情物，化作春泥更护花。

既然是"为后人做嫁衣"，那么，就要把这件"嫁衣"做得漂亮，做得高质量。负责认真、严格要求，对于科学研究而言，百利无害！

1985年3月31日，“长征三号甲”型号被批准立项，1986年4月开始正式研制。“长征三号甲”主要用于发射地球静止轨道卫星，全长52.52米，一、二级直径3.35米，三级直径3米，起飞重量241吨，起飞推力300吨，运载能力2650千克，与“长征三号”运载能力1450千克相比，提升近一倍。

谢光选知道，“长征三号甲”的一、二级箭体结构在“长征三号”基础上做了修改设计，一级的贮箱长度和尾翼面积有所增加，同时，为后续火箭增加捆绑助推器，做了一些局部支点的加强。而三级发动机仍然采用液氢液氧低温高能推进剂，采用燃气发生器动力循环系统。为了防止液氢蒸发，减轻箭体结构重量，三级箱体采取了外绝热共底方案，同时，三级发动机采用两台独立单管的8吨发动机并联方案。由于这个原因，输送系统也有所改动，液氢与液氧贮箱各有两个推进剂输出口，分别经输出口、泵前阀和摆动软管进入泵腔。

谢光选不知道的是，在研制人员眼中，自己这位离开了一线的院士，居然还具有一定的“威慑力”。一院发动机研究所副所长王桁负责“长征三号甲”发动机的研制工作，在得知谢光选担任“长征三号甲”发动机评委时，他告诉他的研制团队：“谢老总要来参加我们的评审，我跟他接触过，我们可得好好整顿整顿，谢老总可不是吃干饭的！”

作为和谢光选一起参加过多次发射的老同事，王桁深知谢老总对于组织管理，颇有自己独特的见解。他发现，在故障出来之后，谢老总考虑问题的处理方式比较深入，会从原理、机理等方面考虑，并组织大家深入开展理论研究。王桁清楚地记得，1962年3月，在“东风二号”首飞失利之后，试验队员们心情沉重，纷纷前往导弹坠毁炸出的大坑处观看。由于地处沙漠，导弹深深地扎进了沙子里，埋得很深。在众多发射场官兵的帮助下，试验队员们挖出了残骸……站在身旁的谢副主任说了一句话：“将来我死的时候就埋在这里吧……”

王桁理解这种心情，当时在场人员，许多人都悲伤在心……这种对于国防科技事业的深情，一分院的人几乎都具备。但出乎意料的是，谢光选还有一句话：“他们说，我是东二的妈妈呀！”

一时之间，王桁愣住了。细一琢磨，他理解谢副主任的心情——虽然这种言语乍一听有点匪夷所思，但这种把自己比作导弹产品妈妈的背后，是谢老总对导弹事业的忠诚与深情。王桁还知道，无论“东风二号”还是其他型号，都是在航天人这些“妈妈们”的悉心关怀、精心照顾下，健康成长起来的；每一个成功“孩子”的背后，是无数“家长”在夜以继日地倾注心血……

谢老总这次前来审查，王桁带领团队认真对待。对发动机的技术改造进行了反复试验，每次的试验结果都记录在案；在燃气发生器和阀门等部位，进行了重新设计。

评审的日子终于到了。谢光选和其他评审专家来到发动机研究所，听取汇报。

王桁拿出记录本，从设计理论开始，详细叙述了研制过程，而后，在现场还做了一次模拟试验，让评审专家们亲身感受实际效果。试验时，将炸药放在一个燃气发生器内，模拟启动爆燃的情境。模拟试验成功爆炸，没出现任何危险情况。

谢光选和其他评审专家频频点头。他再次叮嘱："……总检查至少要在十次以上，重要问题更要认真对待，将每一个难关攻克后才能通过人民的检查！"

切切的嘱托，殷殷的期盼。随着新技术的不断发展，航天事业会涌现出许多新方法、新思路，但谢光选认为，严肃认真的态度是不能改变的，这是航天事业发展的重要因素。

1991 年 12 月 28 日和 1996 年 8 月 18 日，"长征三号"先后两次未能将通信卫星送入预定轨道。谢光选被聘任为故障调查委员会主任。他用数学求解，没有得到结果，于是改用计算机做数值计算。他和"长征三号"总设计师及液体火箭发动机研究所的设计师们一起反复切磋洽商物理概念，形成计算框架。经过扩大范围计算，获得了大量计算数值：液氢液氧发动机在滑行段吹氦时，燃气发生器集液器内压力尖峰为 29 个大气压，属正常启动压力。不吹氦时，压力尖峰为 234 个大气压，可使活门精密零件变形或局部破坏，形成氦气管路大漏气。计算报告做到了故障定位准确，机理清楚，正反两个方面都能在计算中复现。于是，设计师系统和发动机研究所共同提出采用三重容错技术，确保故障不再发生。

故障审查委员会同意了这个结论和所采用的措

谢光选与师生们在一起

施。经过修改设计的“长征三号”，于 1997 年 6 月 10 日发射成功。经遥测分析：没有出现压力尖峰。二次启动的理论和实践得到了较好的统一。

长江后浪推前浪，一代更比一代强。看着一张张年轻而充满朝气的面庞，谢光选相信，中国的航天，大有可为！航天强国不再是遥不可及的目标！而对于工作中的后生晚辈，谢光选一直有句心里话，想告诉年轻的航天人：“我的人生算是成功的，但是我没吃过洋面包，我是土生土长的中国人，是一个‘土豹子’，当然不是‘土包子’，豹子可是凶猛动物啊，厉害啊！我特别想告诉年轻人，在中国的土地上，经过努力，一样能有成就，一样能报效祖国。没留洋的人也能当院士，老谢就是个例子。年轻人，加油！”

2. 以人为本话飞天

飞天之舞，一梦千年；嫦娥奔月，敦煌仙女。

这些无一不显示出中国人思维的瑰丽与想象的生动。

而当时光飞逝到 20 世纪 90 年代的时候，在火箭技术有了充足发展的基础上，载人航天提到了中国的议事日程。

1992 年 1 月，在载人航天工程立项会议上，谢光选院士提出：载人航天要以人为本，要重视解决 POGO 低频振动问题。

火箭发射过程中，会出现横向、纵向振动，这些振动如果频率接近，振动感则会大大增加，从而出现让人体无法承受的低频振动。所以，谢光选强调以人为本、减轻振动。高可靠性历来是中国航天所具备的特点，但这是对产品质量而言。而载人航天，不仅要保证产品质量，更要保证航天员的安全，所以，在确保高可靠性的同时，还必须达到高安全性。

谢光选与航天员合影

长征二号 F 火箭是按照发射载人飞船要求，在长征二号捆绑火箭的基础上研制而成。火箭由四个液体助推器、一级火箭、二级火箭、整流罩和逃逸塔组成，是我国所有运载火箭中起飞质量最大、长度最长的火箭。由于长征二号 F 火箭的长度（58.34 米）和直径（3.35 米）的比值（即长细比）大，容易发生固有低频振动。而试验证明，人体对于 8 赫兹振动最为敏感，1.8g 的振动加速度就会把人振晕。因而，需要在研制中解决这个问题，对各种振动进行科学管理，极力避免 8 赫兹有源振动的产生，做到以人为本。

2007 年，谢光选与刘宝镛、龙乐豪、余梦伦三位院士合写的《载人航天与高可靠》一文，从可靠性的角度，详细回顾了载人航天发射“以人为本”的研制过程。

“八年四弹”之后，载人航天是中国运载火箭技术研究院再创辉煌的项目之一，由此使得中国的航天技术登上了高可靠性的台阶。为此，两总师系统着重抓了可靠性的三个要素。

……

火箭的可靠性指标不可能等于1。为此，两总系统首先提出要研制安全逃逸系统。航天员进入返回舱之后，从起飞到主动段工作结束、船箭分离之前，火箭如果出现着火、局部爆燃等问题，安全逃逸系统依靠自己的动力就可以使返回舱迅速脱离火箭，飞行到一定的距离之外，确保航天员的安全。通过设计和计算，安全性为0.997（即火箭出现1000次问题，只有3次可能危及航天员的生命安全），满足了安全性要求。

……

第一次载人飞行试验时，由于耦合振动抑制不够理想，航天员感觉不舒适，经过调整纵向耦合振动参数，第二次飞行试验时，航天员感觉良好，最大加速度为5g。

目前，航天技术发达国家的载人航天可靠性设计指标均高于我国。谢光选等科技人员提出，高可靠性是我国载人航天要不断努力的重点，务必做到连续成功。

大家联手，高瞻远瞩。晚年的谢光选勤耕不辍，载人航天，始终是他关注最多的焦点。

3. 英雄群体寡与众

有人说，世界是个大舞台。

在谢光选看来，航天是成就了自己的大舞台。

在外人眼里，谢光选是航天界的成功者之一，声名远扬的院士，成就非凡，一般人难望其项背。而在谢光选自己的眼里，不仅仅是在为航天事业做贡献，同时，航天事业也给了自己一个施展的舞台，是航天事业这个广阔的领域，成就了一个相对成功的他。

1957 年，一分院初建，35 岁的谢光选因实践经验丰富而担任教员，和钱学森等人一起给大家传授实践经验。在第一总体设计部，他是五室主任，负责靶场试验、地面设备订货等事宜。此时，他是技术五级，属于副教授级别的中高级知识分子。在一院大知识分子、高级军事人才并不缺乏的背景下，他并不是突出的佼佼者。

1960 年 7 月，仿制“1059”后期，谢光选被任命为第一总体设计部副主任，负责大型试验，参与组织型号试验工作。此时，他属于型号研制的中层领导，因工作踏实而受到上级认可。当年，谢光选被任命为“东风二号”总体主任设计师，这是他担任型号设计职务的一个重要开端。

1962年3月，在“东风二号”首飞失利的情况下，谢光选作为总体设计人员，参加了故障分析、问题复现和修改设计工作。

1965年10月，谢光选担任一院第一总体设计部主任。43岁的谢光选工作努力，成为踏实肯干的技术带头人。

1966年，谢光选担任了“两弹”结合技术协调组组长，这是谢光选首次开展跨行业的组织协调。他认真工作，取得了丰硕成果。

“文革”中，谢光选担任院生产组副组长，与全院人员一起开展长征一号运载火箭等型号研制。在“文革”结束后的1977年12月，谢光选被任命为一院副院长。

1978年1月31日，谢光选被任命为长征三号运载火箭总设计师。在这个新型号的研制过程中，谢光选倾注了大量心血，尽管经历曲折，最终获得成功。

而后，谢光选迎来了人生中的丰收季节。

1979年8月15日，一院科学技术委员会成立，谢光选任副主任。1980 年 11 月 10 日，谢光选任七机部总工程师。

1985 年 5 月，谢光选被中国科学院聘为国防军工科学研究委员会成员。

1988 年，谢光选当选国际宇航科学院院士。

1991 年 12 月，谢光选当选为中国科学院学部委员（后更名为中国科学院院士）。

1995 年，谢光选荣获“何梁何利基金科学与技术进步奖”。

……

航天数十载，谢光选一步一个脚印地前行着，付出了巨大的辛劳，获得了丰硕的回报。

所以，在言谈举止中，谢光选很自信——天生我才必有用！

虽非少年，但一样心事拿云！

瞩目天宇，航天人当然豪迈！

三人行，必有我师焉。

在自己的成功因素中，谢光选认为，自己的努力与领导的支持、同事的扶助是三个重要因素。尤其是身边的同事们，他们身上发生的点点滴滴的平凡或不平凡的事情，谢光选看在眼里，记在心上，感动在思想深处。

在工作之初，谢光选就知道，航天事业注定是一个群体工作的大集成。在几十年的岁月中，谢光选接触到许多精英，认识了许多值得尊敬的同事。在这些航天专家中，年长的、年轻的、温和的，刚毅的、性格豪爽的、稳重缜密的……对于这些上级、前辈、同级、部属、晚辈，谢光选认为，他们身上都有不可忽视的闪光点。尤其对钱学森、任新民、屠守锷、黄纬禄、梁守槃、姚桐斌等年长于自己的高级专家，谢光选更是钦佩不已——这些人，能在留洋学成后回国效力，爱国精神，值得敬佩；而他们在专业上的精深与钻研，也值得自己学习。

最难忘钱学森的谦虚谨慎与平易近人，以及敢于向下属承认错误的勇气。

学习中的谢光选

那是在20世纪70年代，一次，谢光选和遥测部门在机构设置上发生了争论。遥测总体业务应该放在专门的遥测研究所还是放在第一总体设计部，一时决断不下。钱学森拍板，放在遥测研究所。而一年之后，事实证明，这种方式不利于工作的开展。于是，在一次会议上，钱学森公开对大家说："把遥测总体放在遥测研究所，当初是我定的，现在看来，是我错了……"

当时的震撼让谢光选记忆犹新，从钱学森身上，他看到一种高贵品质：勇于担当……谢光选记得，对于20世纪60年代的航天现状，钱学森曾语重心长地说："中国的技术比国外确实落后，但更落后的是管理。"

钱学森把自然科学划分为三个层面：基础科学、技术科学及工程技术。而技术科学居中，能够左右兼顾，容易出成果、出人才。故国防部五院及其下属分院都确定为技术研究院。位置摆正了，工作才能做得好，任务才能完成得好。对于一分院的建设，钱学森有自己的见解："一分院研制的是系列产品，一个系列是导弹，另一个系列是运载火箭。在初创时期，前者是主导的，后者是从属的。型号的技术水平一个比一个高，这需要有梯度的科技人才队伍，型号和科技队伍都和爬楼梯一样，一层高于一层，出成果，出人才，有了人才，才能出成果，更要重视在工作中培养人才。"

在被任命为"两弹"结合技术协调组组长时，谢光选感到有些意外，认为自己一介“小干部”，不能担此重任。在与钱学森的接触中，他说出了自己的想法。熟料，却被钱学森的几个问题问得哑口无言。钱学森说：“‘两弹’结合是火箭运原子弹，原子弹不能运火箭，不找你找谁？”

谢光选听懂了，钱学森的意思是技术协调应该由一分院承担。还没来得及多说什么，就听到钱学森又说：“你给出的装弹环境技术条件，比如过载、振动、冲击、低气压、温度、湿度……都全吗？还有，重量、尺寸大小都协调吗？”

谢光选老老实实地回答：“这些工作我会做好，我应该能做好。”

钱学森笑了：“这就对了，现代高科技产品特点之一是多学科、多技术的交叉综合，次数多、反复多和历时长，最容易出问题，是型号研制中的关键点，务必要做好……技术协调是做事，不是当官。你就干吧！”

在钱学森的鼓励下，谢光选承担起了协调工作的重任，最终不负众望。而在接触到钱学森大力倡导的系统工程之后，谢光选感到，航天事业进入到有条不紊、科学发展的阶段，成效卓著，一路辉煌。而对把系统工程引入到中国的钱学森，谢光选尤为感念：“钱学森真是中国罕见的航天战略科学家。”

一日为师，终生为师。在谢光选的内心深处，任新民一直是个很特殊的人物——在谢光选看来，任先生是老师，是师长，这位著名的航天发动机专家，是个了不起的人物。遥想当年，在重庆兵工学校读书时，任先生是自己的老师，有时上课教书，在课堂上侃侃而谈，学贯中西；有时带领同学们上自习，时时指点，处处呵护。还记得任先生教授的是《机械构造学》，一门理论与实践结合紧密的课程。还记得任先生带领学生们去工厂实习，在实践中熟练掌握技能。

更令谢光选记忆犹新的是，当年从沈阳被调到北京时，自己对于将要从事的职业与面对的未来，满怀迷惑，而出乎意料的是，在北京站前来迎接自己的竟是亲切的任先生。

后来同在一分院工作，虽然单位不同，但因为工作，谢光选常常与任先生见面，能感受到任先生的高风亮节——虽然不善言辞，但任先生的心是热的。对上级也许未必处处顺从，但是对于下属，任先生是耐心且温和的，总是能关注他人。对于航天大业，任先生的付出是巨大的，一直无怨无悔地潜心研究。发动机是火箭的“心脏”，在这颗心脏强有力的跳动中，有着任先生和同仁们的无数心血……谈及心目中任新民的形象，谢光选由衷地说：“我的老师任新民先生是了不起的发动机专家，他很正直，抓实际工作抓得好。”

在长征三号运载火箭获得全国科技进步奖一等奖时，在获奖名单的排名问题上，谢光选认为任先生应排在前面："任先生，您是老师，是总总师，您的排名应该排在我前面。"

而任新民毫不犹豫地回答："不用客气，你是总师，是当事人，应该排在前面。"

两个人相互推让，一时之间争执不下。最后，谢光选遵从了先生的意见。谢光选认为，这一辈子，任新民都是自己的先生……

徐兰如和谢光选可谓缘分深厚。两人都曾经在重庆兵工学校读书，都曾经在沈阳兵工厂从事专业技术工作，又先后调入国防部五院，都曾经在第一总体设计部工作。当初的学长，多年的上级，长久的同事，徐兰如和谢光选一直相随相伴。谢光选难忘当初在沈阳，徐学长对自己的鼓励与鞭策，让自己因为工作的小成绩而产生的欢喜与骄傲冷静了下来。谢光选还抱过徐学长的两个双胞胎女儿，那是两个可爱的娃娃。而谢光选人生中的大事件，比如结婚、生子，也都得到过这位学长的关注与帮助。到国防部五院工作之后，是徐学长带领自己和其他同事在那两间简陋的车间里，拆卸了来自苏联的第一发导弹；是徐兰如协助第一总体设计部主任组织人们参加仿制，迎难而上，解决诸多难题，终获成功……对于这位学长，谢光选心里闪现出几个字：一辈子的缘分……

——在这些人的身上，谢光选看到了许多朴素而伟大的闪光点，这些闪光点感动着他，熔炼着他，使他在工作上更加成熟稳重，在思想上时常凝练升华……

在这些顶尖的专家之外，谢光选更多地接触到了从天南海北汇集到一起的各级各类人员，包括现役军官、退伍军人、大学毕业生等。而谢光选对这个群体的记忆，同样是难以磨灭的。

谢光选难以忘记，酷暑的夏夜里，第一总体设计部办公室的灯光一直亮到深夜子时，机关领导们多次在深夜11点时出面，往外驱赶辛苦钻研的人员，叮嘱他们要爱惜身体、好好休息……谢光选难以忘记，面带浮肿的年轻同事们在简陋的环境里开始了最初的反设计，吃的简单，住得简陋，有时甚至就在办公室里过夜，但依然无怨无悔……谢光选永远难以忘记，211厂的工人师傅们为完成型号任务，吃住在工厂，不完成任务不离开车间……谢光选同样难以忘记，在20世纪60年代初，行政领导为科研人员们发放“科技豆”“科技鱼”，自己却分毫不取……谢光选难以忘记，即使在最混乱的“文革”期间，一院无论男女老少，都投入设计与生产，一丝不苟，热情高涨……

就是这些平凡的人们，给了谢光选更多的真挚感动……

——也正是这一伟大的群体，在艰难中开创了中国航天的伟大篇章。

——就是这数以万计的航天人，用这种自力更生的精神，用这种艰苦奋斗的精神，用这种顽强拼搏的精神，踏着重重磨难，创建起了中国的航天事业。迄今为止，在航天一院工作过的人员众多，但作为千千万万人的代表，院士、

2012年，谢光选（中）参加院士团拜会

顶尖专家只是那么寥寥几十人，默默无闻的却是大多数。而就是这些无名的大多数才是中国火箭事业的脊梁，才是托举起中国航天事业的有力臂膀，才是中国走向航天大国的不竭动力！

几经斟酌，对于航天群体的评价，谢光选想到了四个字：英雄群体。

而南苑，曾经的皇家园林，曾经的抗战热土，而今不仅是航天重镇，而且是中国航天的发祥地，也是英雄群体的产生之地，是航天精神的实践之地。生活在这块土地上，时时感受着航天的氛围，谢光选感到一种宁静与满足……

2009年9月28日，国务院副总理张德江来到北京南苑看望谢光选。带着党和国家的祝福，张德江为谢光选奉上鲜花，亲切地询问他的身体状况。张德江说：“您为‘两弹一星’、为航天事业做了很多工作，为国家和人民做了很多贡献，我代表党中央、国务院来看望您，祝您老人家健康长寿！”

谢光选欣慰地表示了感谢。张德江问道：“您是怎样学习和工作的呢？”

谢光选不慌不忙地说：“学无止境、勤谨务实、宁静致远，我这一辈子都是按照这三条标准做的。”停顿了一下，他又说：“小时候，看到同胞受日本人欺负，立志要为国家造出好的武器，打日本！”

张德江频频点头。是啊，老一辈知识分子的忠贞爱国、顽强拼搏，是多么宝贵的品格啊，这种品格，应该世世代代地传承下去。

看着眼前的国家领导人，谢光选浮想联翩。中国航天事业的发展，离不开党的领导，离不开历届国家领导人的关怀。当初，就是在陈赓大将的批评教育下，身在兵工厂的谢光选才心不甘、情不愿地离开沈阳，来到北京。这才有了后来的航天型号总师、成就突出的谢光选院士……

4. 航天品格传与承

在谢光选的眼里，自己这一代人是有精神、有内涵的。从物质匮乏的年代走过来，但随着物质的丰富，有些人的道德水准却没有与日俱增，这是一件很遗憾的事情。总结自己和身边同事的作风，谢光选感到，在千千万万人的积累下，中国航天人形成了自己独特的品格，朴实、勤奋、认真、坚毅等。

而在身边的同事看来，谢光选同样具有这些优秀的“航天品格”。

朴实、勤奋、大度，是余梦伦院士对昔日老领导谢光选的总体评价。

作为同在第一总体设计部共事多年的老同事、老朋友，著名的弹道专家余梦伦，对谢光选这位老领导比较熟识。还记得，第一次见到谢光选，是在东风二号开展试验的时候，余梦伦作为刚参加工作的设计员到厂里去协调工作，看到一个衣着朴实的中年人在指挥大家干活，乍一看，余梦伦以为他是工厂的老工人:“我看到一位穿戴很朴实的人，以为是工厂的老师傅呢，后来才知道，是第一总体设计部副主任谢光选。那个时候，他有 40 来岁吧。”

回忆第一次见到谢光选的情形，余梦伦的脸上露出一丝微笑:“他的穿着打扮太普通了，实在看不出来是第一总体设计部的副主任。知道他的身份后，真是大吃一惊……在以后的接触中，我发现谢主任也一直这么朴实，不讲究吃穿。”

共事多年，余梦伦发现，谢光选这位副主任工作认真，勤奋钻研业务："他是个多面手，第一总体设计部共涉及 70 多门专业，他对哪个专业都懂一些。像我是搞弹道的，虽然没我们这么精，但他也是能进行弹道计算的。有时候，他会说，我算的结果如何如何，咱们一起讨论一下……在研制东风五号导弹时，我们开始设计高、低弹道，他也做了一些计算，拿给我们看了，很有道理。"

余梦伦发现，在每个不同的专业，谢光选都能动手参与设计，都能够说出来个一二三："他能在第一总体设计部不同专业之间取得技术面上的沟通，自学能力强，知识广博。比如，他能给发动机研制人员讲述控制系统是怎么回事，能给控制系统研制人员讲发动机是怎样研制的，而且是用最简单的话讲明白。作为主任，他不用个个专业都学得精专，但是他掌握得很全面，尤其是概念与原理方面，他能很清楚地掌握，能和一线设计人员讨论专业方向等问题。他综合能力很强，大家很佩服。一个型号，需要有这样一个人，能够掌握各个专业的知识。而谢老总就是这样一个多面手，是'领军人物'，能够把大家组织起来，团结起来，调动起来，把大家拧成一股绳。"

"谢老总长时间在第一总体设计部，他管的具体工作比较多。好几个型号都是由他来管。在研制'东风二号'的过程中，我们设计人员亲切地称他为'东二的妈妈'。当时，在'1059'仿制成功以后，我们改型设计'东风二号'，里里外外谢老总都在参与，很是操劳。所以，别人就送给他这样一个称呼，他自己听了也不反对……"

严谨而枯燥的研制工作中，谢光选把这种善意的玩笑当作生活的调剂，并不介意。

在余梦伦的印象中，谢光选是一个大度的人，严于律己，从不背后妄议他人，做人很坦荡："谢老总对一院的影响比较大，虽然他没有被授予'两弹一星'功勋奖章，但并不代表他的功劳不大。他对荣誉不是很在乎，对什么事情都是一笑而过，他没有说过别人的坏话。他既能处理好个人关系，又能把单位与单位之间的关系处理得很好。”

既懂关键技术，又会处理关系，为人低调，这些在余梦伦看来，正是谢光选的能干之处：“谢老总平易近人。有人说他是调和派，和上面的关系、下面的关系都能处理好。有些事情，别人干不了，他一出面，就能把事情圆满地处理好。”

谢光选认为第一总体设计部和其他厂所是“兄弟关系”，这一点是谢光选一再强调的。余梦伦回忆说：“在‘东风二号’研制过程中，我写了一份关于靶场发射诸元准备的报告，内容涉及控制系统诸元和推进剂诸元，同时对基地提了一些要求，比如对于推进剂，基地应该怎么做，应该保证什么、采取什么措施。推进剂有自己的特性，温度高时，发动机的性能参数就发生改变，推进剂消耗得就少，原定的推进剂就会多出来，留在导弹里，增加导弹的重量，最终导致导弹射程降低。所以，一定要保证推进剂的温度。在太阳照射时，要注意遮挡，让它降温，避免阳光直射。”

“谢主任看了之后，特地把我叫去，很严肃地跟我谈这件事情，说我写的推进剂这段话感觉像命令，要把握分寸。当时我有点想不通，觉得自己没错。谢主任说，这个问题可以在试验现场提，现场解决，不用写在文件里。”

“我后来去掉了这段话。到了现场之后，我把这个建议提了出来，协商解决了这个问题……他做人很低调。”

注意保持谦虚谨慎的态度，哪怕在文件里也要做到尊重他人，是余梦伦对谢光选赞佩不已的地方。而在余梦伦评选院士的过程中，谢光选也不遗余力地引荐。余梦伦说：“对于院士，我们都看得比较高，觉得距离自己比较远。在一次上班路上，我碰到谢老总，他鼓励我参加院士评选。后来第一总体设计部和院里准备我的材料时，谢老总一字一句地帮我修改。”

业内人士都知道，弹道计算千变万化，而余梦伦恰恰是航天系统具有影响力的弹道设计专家。从上到下，从普通的设计人员到型号总师，甚至更高级的国防科研机构管理人员，对余梦伦弹道设计的认可是一致的。但凡余梦伦看过的导弹弹道设计，都会得到上上下下的认可。“余梦伦”三个字，俨然成为弹道设计的“试金石”。

谢光选深深了解这位老同事的实力，因而，作为推荐人之一，谢光选足足讲了半个小时。他详细地介绍了余梦伦在弹道学科上的贡献，以及在“东风二号”“东风五号”等方面的成就，尤其是“东风五号”高、低弹道，还有“长征二号”小推力方案等。正是这种弹道设计的匠心独具与精巧绝伦，才得以使中国导弹的研制加快了进程。

同行相惜，专家互敬，是一种美德。

对于谢光选，余梦伦一直有一种尊敬。他记得，在每次跟随谢光选去基地参加试验时，在导弹、火箭将要发射时，谢光选都要逐层去看。乘坐电梯，从上而下，一层层地认真巡检。回忆这个场景时，余梦伦慨然长叹：“谢老总对于航天事业，真是全心全意啊！”

在航天系统有一句话：发动机是火箭的心脏。只有强有力的心脏，才能保证火箭的顺利腾飞。王之任是著名的发动机专家，一位为航天奉献了毕生经历的伟大女性。从仿制“1059”发动机开始，到“东风三号”“东风五号”发动机，再到“长征三号”发动机，这位不让须眉的巾帼英雄参加了多种发动机的研制。在与谢光选的接触中，她感受到了谢老总在技术上的敏锐：“谢老总没有架子，他读书多，注重预研，对于很多问题都能指出解决方向。有一次，他看到一些资料，给我们写了个条子，让我们去看，这些资料的内容是真空物理条件下推进剂性能的九个参数。我们按照条子查到了这些资料，对于发动机研制有启发，有帮助。”

在担任“长征三号”总设计师期间，谢光选去发动机车间的次数不多，他更多地是在总装车间巡查，但是，在发动机研制的关键问题上，他的态度比较鲜明。王之任深有感触地说：“谢老总注重理论，经常提出一些具有前沿性的课题。‘长征三号’发动机的推进剂，他主张选择氢氧，虽然难一点，但性能好，比推力好，有前途，能大幅度提高火箭的运载能力。在发动机二次启动的问题上，二次点火是最大的难题。在‘长征三号’首飞，发动机二次启动没完全完成任务时，我提出了四种看法，谢老总认为，对于这些问题，都应该解决，于是组织大家采取了综合措施，实施了三项大的改进。”

对于谢光选的理论功底，王之任很是钦佩。她认为，谢老总能针对各个领域提出专业性问题，能引导大家从理论上搞清楚问题的实质，而后分析问题、解决问题。她说：“这种理论联系实际的做法，比较可靠，能从根源上把问题解决。”

1984 年，在“长征三号”首飞失利的情况下，试验队在发射场与北京紧密联系，大家一起连续奋战了 70 个日夜，赢得了最后的成功。这期间，王之任一直在发射场。她说：“那时候，基地的天气比较干冷，屋里没有暖气。首飞失利了，谢老总召集大家在操场上开会，我们就搬着小马扎，去开会讨论问题。分析问题的时候是待在自己的宿舍里，坐在马扎上，趴在床上，用几本书把床铺垫出一个平面，而后在上面画图，分析、查找原因。就这么着工作了好几天，把草图传真给北京，工厂开始制造、生产，还有人不停地在基地和北京之间来回传递图纸。经过生产、改装后，试验了三次，次次成功，就带着零部件赶到基地，随后在基地开始测试，试验队员们在发射架上爬上爬下，不断改进。”

1984 年春节，在王之任的眼里，是一个最没年味的春节。因为失利，包括谢光选在内的所有人，都没心思过年，大家的注意力都集中在火箭上。对于这种枯燥的岁月，王之任并不以为清苦：“大家都这样，谢光选也这样，别看是总师，一样劳神费力。航天人嘛，都是这样，没点责任心，怎么搞好本职工作？”

对于总师这一职务所承受的巨大压力，谢光选的继任者，“长征三号”第三任总设计师徐盛华有自己亲身的体会。自 1965 年来到一院第一总体设计部开始，徐盛华一直工作严谨认真，后来担任第一总体设计部十一室主任，还担任了“长征三号”总设计师。说起自己的前任总师，徐盛华面带微笑：“从 1976 年开始，我跟谢老总的接触多起来了，主要是跟着谢老总从事‘长征三号’研制工作。我印象最深刻的，是谢老总的平易近人。虽然比我们这些年轻人大十多岁，但谢主任能跟我们打成一片。”

那时的徐盛华，月薪只有 62 元，而谢光选说自己月薪是“200 大洋”。于是，时不时地，在出差的时候，年轻的设计员们起哄让谢光选请客，想吃一顿好的。徐盛华说：“其实没吃什么太好的，那时也没条件吃什么好东西，就是一顿包子或者一顿大饼之类的，大家跟谢老总起哄，谢老总也乐意。”

让徐盛华敬佩的还有谢光选的技术民主作风。他能充分听取大家的意见，尤其是来自第一线设计员们的意见。“当时‘长征三号’第三级的方案有两种，谢老总让每个技术人员发言，听取大家的意见，选择最佳方案。这种做法，充分发挥了集体智慧，他鼓励大家好好干，出了问题由他负责。”

和设计员的职责不同，总师的职责之一就是管理与组织。在这个岗位上，掌握一定的管理艺术是非常必要的，决不能成为孤家寡人。而在“长征三号”众多关键技术中，谢光选善于抓重点，把握关键，这一点让徐盛华记忆犹新：“型号工作量多、面广，总师不是所有方面的专家，不可能面面俱到，人的精力毕竟有限。这时候，谢老总就抓重点，他把‘长征三号’的关键技术梳理成 32 个，对其中的重大关键问题，他掌控得较好。比如，‘长征三号’的二次启动、纵向耦合振动、垂调问题，还有低温技术，这都是谢老总关注的焦点。”

徐盛华观察到，谢光选退居二线之后，拿得起、放得下，虽不再分管具体工作，但仍很关注型号研制，他相信后来人能干好，鼓励大家大胆干。

担任“长征三号”总设计师后，徐盛华对于总师的压力，有了更深的体会：“当总师确实压力很大，非常紧张。谢老总是牙疼，我是血压高。平时我的血压一直正常，但是临到发射的最后几天吃不好、睡不好，夜夜失眠，血压一下子就上去了。万一发射失败了，总师是主要责任人。每次去基地前，上级领导会一再交代总师：一定要打成。面对上上下下的期待，打不成没法儿交代啊，责任太大了！那时候，我彻底理解谢老总的牙痛了……”

同样的职责、同样的经历、同样的感触。但是，尽管压力再大，他们却都能以顽强的毅力，坚强面对。对于谢光选临发射前拥抱火箭的举动，对于别人赠予谢光选“东二的妈妈”的称呼，徐盛华觉得在情理之中。因为他仍有着同样的压力、同样的深情。虽然徐盛华并不知道谢光选拥抱火箭时说的是什么，但是，他相信，是一番依依不舍与美好祝福：“我们跟导弹、火箭的感情不是一般的感情，每个人心里都把它当作自己的亲人。大家都是看着火箭完成组装、测试，看着他成长起来的。发射前，大家都会走到跟前，拍拍这个老伙计，希望他走好。我的感觉，像是送姑娘出嫁一样，希望她一切顺利。谢老总应该也是这种感觉……”

对于外界的赞誉，谢光选并不十分看重。在他看来，自己这一代人，干导弹和火箭事业很有责任心，形成了航天人一种宝贵的品格，正如一院总结的院魂：

顽强　毅力　忍耐　坚定

谢光选一直认为，这种品格是一代代航天人共性的凝练，是数辈航天人的精华所在。没有这些品质，就扛不起航天这面大旗，就无法在充满荆棘的探索之路上勇敢向前。随着一代代新人的成长，这些优秀的品格，必将传承下去，成为航天文化的内涵之一。

2010 年 12 月，一院迎来了自行研制生产的第 100 发运载火箭——长征三号甲遥十八火箭的发射。这次发射是一院发展史上的重要里程碑，是一院宇航技术实现新跨越的重要标志。为了纪念这个具有历史意义的时刻，在发射前，航天一院举行了简朴而隆重的出征仪式，谢光选应邀参加。看着眼前数百张年轻的面庞，倾听着数百人庄严的承诺，谢光选百感交集。

作为老一辈航天人的代表，谢光选亲手把成功的旗帜交到一院院长李洪和党委书记梁小虹的手中，交到他信任的下一代航天人手中。这不仅仅是一面旗帜的传递，更多的是把责任的火种来传递，是把成功当作信仰、信念来传递……

谢光选相信，后来者会比他做得更好，航天事业，注定要在他们手中走向更加辉煌灿烂的明天！

路漫漫其修远兮，吾将上下而求索！

谢光选（左四）参加航天一院火箭百次发射

谢光选

谢光选院士传记

Academician Xie Guangxuan's Biography

第十五章 云淡风轻夕阳红

说句不谦虚的话，我是专心工作、奋不顾家的。但我没能好好教育自己的孩子，本来孩子们都挺聪明的，我没有指导好他们，这是我的遗憾。

——谢光选

1. 除却巫山不是云

京郊南苑，在航天一院的大院对面，高楼林立，楼栋密布。在这里，居住着数万名航天一院的员工及家属，构成了一个颇具航天文化特色的航天家属区。这里的人们，缘于工作的关系，都有一个共同的话题：火箭。

万源社区内的一栋高楼里，谢光选的家位于顶层。

每天清晨，谢光选都会走到客厅的落地窗前，环视俯瞰，将远近景色浏览一番。时常，他的目光会停留在客厅的一面墙上，那里，挂着已故夫人的大幅照片，她美丽而端庄，每天都在微笑地注视着他。他时常深情地凝视着照片中的妻子，些许往事在不经意间萦绕心头……

还是在 2003 年 10 月，身为医生的吉珍谦住院了。为他人治疗了一辈子的疾病，终于有一天，自己也因为疾病躺在了病房里。对于自己的病痛，吉大夫并没有过多的感慨，在她看来，生老病死，人生定数，正如红楼梦里所说：似这般，生关死劫谁能躲！所以，自住院以来，吉大夫的心情一直平和稳定。

在儿子谢刚的陪同下，谢光选多次赶往医院探问，并给妻子拿去了一些航天员食品。闲谈之中，谢光选发现，身为大夫的妻子对于航天员在太空如何饮

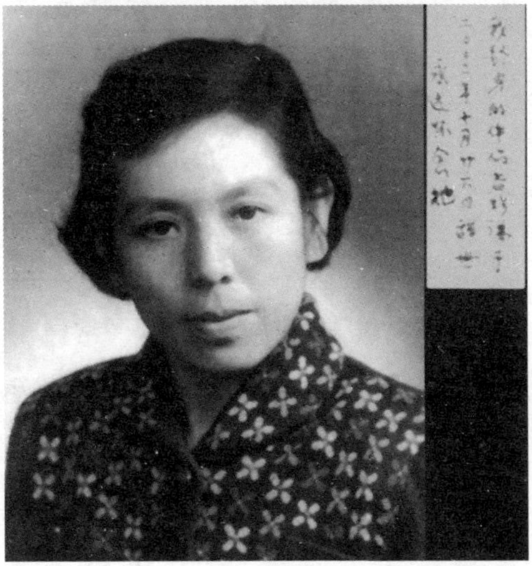

我终身的伴侣吉珍谦于2003年10月26日辞世，永远怀念她。

——谢光选

食比较感兴趣，于是就专门带回一些压缩饼干，让身卧病榻的妻子品尝。吉珍谦一边吃着饼干，一边感慨：“哦，他们吃的就是这些啊……”

然而，就在品尝饼干的第二天，吉珍谦安详地走了，离开了患难与共的丈夫。

望着妻子温柔的面庞，谢光选伤心欲绝！

生离死别，人生无常，谢光选理解。但真的永远离开了自己最心爱的妻子，普天之下，又有谁能无动于衷呢！

当时的明月还在，彼时的伊人已逝……

这位当年技艺精湛的白衣护士，这位曾经坐在自行车后、温柔而羞涩的女子，这位被自己的诚心打动、终结连理的妩媚新娘，这位为自己哺育了三个子女的坚韧母亲，这位孝顺长辈、体贴丈夫的称职妻子，这位时时奔忙、医术精湛的医生，走完了76年的人生经历，永远离开了深深眷恋的家人……

一时之间，谢光选沉浸在无尽的悲痛之中。但无论如何，谢光选心里十分清楚——这辈子，有妻如此，人生大幸！

艰苦岁月里的不离不弃；危险境地中的生死与共；在日复一日的平常日子里尽心尽力、无怨无悔；在荣耀来临时不骄不躁、默默无言。这一辈子，谢光选和吉珍谦很少有甜蜜的海誓山盟，很少有花前月下的卿卿我我，但是，对于爱情的坚贞，却就在这看似平淡的一朝一夕、一饭一蔬里。

我愿意是急流，山里的小河，
在崎岖的路上，岩石上经过，
只要我的爱人，是一条小鱼，
在我的浪花中快乐地游来游去……

这份爱情里，有情义，有责任，有忠贞，更主要的，还有无私地付出……正是在妻子的照顾下，谢光选才能一心扑在工作上，对日常生活不关注、不理会，甚至可以不了解——这也就是他常常在生活中闹“笑话”的原因所在。

而回忆这一个个小笑话，谢光选想到的，是妻子的贤惠，是妻子全心全意的付出，是妻子任劳任怨的支持……

1993年4月，谢光选夫妇合影

谢光选认为，对于航天人的家属，世人应该有一份格外的敬重。因为自己身在航天，谢光选知道，妻子这一辈子，有多少时间是在等待与期盼中度过的，有多少岁月是在独自承担着整个家庭的重担！

君问归期未有期，巴山夜雨涨秋池。

何当共剪西窗烛，却话巴山夜雨时。

航天人也不是无情无义之辈，谁不希望全家团圆，谁不眷恋家庭的温暖，但是，身为航天人，尤其在航天大业初建的时候，动辄出差乃是家常便饭。谢光选认为，虽然不是航天人，但作为家属，航天事业里，有他们隐形的付出与辛劳。航天辉煌的成就里，有他们无名的默默奉献！

妻子的照片摆在床头，穿着谢光选为她买的那件白花蓝底毛衣，含情脉脉，谢光选日日凝视，纵看千遍，毫不厌倦。

对于别人提出的续弦建议，谢光选一笑而过：一辈子，妻子就只是这一个人，挺好！

2. 从容淡定经死生

生老病死，人生难免。

步入老年之前，谢光选的身体虽然消瘦，但一直没有其他病痛，最主要的病是牙疼——每次发射，每次掉牙，到退休之际，谢光选满口的牙齿已经脱落得所剩无几。而身体其他方面，一直很健康。用他自己的话说，一切正常，都在良性运转。但进入老年阶段，疾病开始出现在谢光选身上。

但即使面对病魔，谢光选的表现也是与众不同。

给谢光选看过病的大夫们发现，这位患病的老先生总是精神专一，有时候甚至能别出心裁地提出一些匪夷所思的问题。

曾经，谢光选几度病痛，数次手术，两次病危。但无论是在睡梦中，或是在昏迷状态，亲人们听见谢光选的喃喃话语，总是关系着航天。曾经有一次，在友谊医院手术后，谢光选尚处在昏迷之中，身边的人听到他在无意识的状态下轻轻说道："火箭技术……型号……操作……技术……可以避免……"

还有一次，谢光选因病住进了航天总医院，当大夫为谢光选戴上呼吸机时，谢光选问大夫："呼吸机里制造氧气的物质（碳酸钙——编者注），摩尔分子量是多少？"

航天一院院长李洪探望谢光选

航天一院党委书记梁小虹探望谢光选

一时之间，医生愣住了……

临床多年，大夫头一回遇上这种情况——不问病情问知识，大夫的心里颇为感慨：到底是科学家，到底是航天总师，这个时候竟还考虑分子量问题！

2007 年，谢光选因身体不适在北京医院住院。一系列检查后，谢光选找到大夫，悄悄地问："我这病怎么样啊，你跟我说……我儿子胆小，别吓着他……"

大夫一时有点哭笑不得，不知是该赞佩老先生胆大，还是应认为孩子胆怯，或是应呵护老人的舐犊深情……

在制定手术方案过程中，谢光选不断语出惊人："是我的控制系统出了问题。""对，这是动力系统出了故障……"

这些话语，常使身边的护士们忍俊不禁……

手术前夜，谢光选睡得踏实而安详。次日清早，护士们惊奇地看见，原本应待在病房里等待手术推车的谢光选，却一大早自己走到手术室门前等待，而且，身穿病号服的谢光选一边昂首阔步，一边豪情地高歌意大利歌曲《我的太阳》。

年轻的护士们看得有点瞠目结舌了——这个病人，太特殊了吧！

是啊，护士们没见过这种特殊的病人，她们无法理解，一位老科学家内心的世界。

对谢光选而言，经历了大悲大喜，经历了病痛折磨，经历了磨难与成功，经历了辉煌与成就，无论内心还是性情，都变得更加淡定平和。名利色气，对谢光选而言，已失去吸引力；喜怒哀乐，只不过是情绪起伏的外在表现。

神龟虽寿，犹有竟时，腾蛇乘雾，终为土灰。

死亡是人生不可避免的终点，这一点，谢光选并不忌讳。他既不在意，也不惧怕，而是把这些生死病痛看得比较淡。

看淡名利，看破生死，不为生死病痛所负累，在活着的时候认真生活，在能发光的时候发光发热，俯仰无愧天地，进退无愧国人，来去无愧家人，此生足矣！

3. 点滴情深父子心

对于自己的父亲，儿子谢刚一直有一种距离感。

从小到大，谢刚对父亲的印象就是忙碌、忙碌，忙碌让谢刚对父亲熟悉中还有一些陌生与疏离，忙碌让谢刚对父亲有点敬而远之的感觉。关键时刻，无论户口迁出北京，还是上学选择专业，不管大事小情，都是谢刚自己拿主意。于是，在不知不觉中，成年之后，谢刚心中形成了一种概念：父亲，就是永远忙碌于航天的那个熟悉的陌生人。

在能力上，谢刚认为，父亲是成功的，毕竟，偌大的中国，能成为院士的人寥寥无几。但他清楚地看到，这位院士父亲在生活上的能力比较欠缺，思维有些简单，头脑有点顽固，似乎不食人间烟火，还有些不近世俗人情，似老学究式的一位老先生，谢刚常被父亲的一些事情弄得哭笑不得。

而在父亲离开一线、有了更多的接触之后，谢刚才更多地了解了这位院士父亲，了解了父亲的喜怒与哀乐，了解了父亲的治学与钻研，了解了父亲的简单与执拗。

20 世纪 90 年代，谢刚买了一辆摩托车，骑起来很是“拉风”。有一天，谢刚回家，发现摩托车不见了，父亲也不见了。一时之间，全家人着急了，四处奔走寻找。一位邻居告诉谢刚：“我在街上看见你爸爸了，正骑摩托车呢！”

谢刚马上赶到街上找父亲，看见年近 80 岁的父亲正骑着他买的摩托车飞驰，速度还真不慢……谢刚吓坏了，赶快让父亲停下。以后，谢刚多了一个心眼，只要离开，就给摩托车上把锁，以防一不小心，又被父亲偷偷骑走……

记得是在 1995 年 10 月，父亲获得了“何梁何利基金科学与技术进步奖”，奖金是 10 万元港币。谢刚看到，身为大科学家的父亲面对奖金，心里美滋滋的：“这辈子，因为搞航天，终于挣到大钱了！”

见到父亲这么坦白地表现自己的兴奋，谢刚感到有些意外。他知道，父亲高兴的不是这些钱财，而是他专注的航天事业得到了社会的尊重与认可，是航天人价值的体现。

在父亲的心里，想干什么，一旦拿定主意，就会全身心地投入进去，对其他事情不管、不顾，甚至视而不见。谢刚认为，这种专注的投入是父亲成功的重要原因之一。面对一个极其复杂的火箭系统，面对千头万绪的工程管理，需要站在一定的高度去协调指挥，需要一种胆气去勇敢面对。航天，是一个强者的舞台——软弱的人只能在压力面前战战兢兢；航天，是一个意志坚强者一展风采的地方——心志薄弱者只能在重任下畏缩不前。而自己的父亲，恰恰是这千千万万个航天人中的典型代表。

谢刚骄傲，因为这位院士父亲。在父亲身上，他看到了航天人具备的高尚品格，看到了一种闪闪发光的航天精神……

但是，谢刚的心里还是有点遗憾，父亲对火箭投入了那么多的感情，恐怕在父亲的心里，火箭的分量不会输于自己。

一次偶然间，谢刚听父亲的同事说，在发射基地，每次导弹或火箭起竖、准备发射时，谢光选总是最后一个离开发射现场，而且会抱着导弹或火箭，嘴里喃喃地说着什么，表情甚是温柔。好奇的同事赶上去询问，却总得到一个模糊的回答："没什么，没说什么。"

谢刚也奇怪，父亲对着火箭能说什么呢？在一次闲谈中，父子俩又一次谈到发射前的情景，谢刚提到这个问题，这一次，父亲还是回答："没什么，我没说什么。"

继而，父亲慢悠悠地继续说到："我没说什么，我就是和它讲，你是我的儿子。孩子啊，什么技能我们都教给你了，你乖乖的，别淘气，按照我们教你的去做……"

一时之间，谢刚愣住了。

原来，每一次发射时，父亲总把整装待发的导弹、火箭视为自己的"儿子"；原来，每一次父亲的喃喃自语都是在叮嘱自己的"儿子"，跟他谈心，给他鼓励；原来，父亲每一次对导弹、火箭的拥抱，都带有父子般的真挚深情……

谢刚对父亲的钦佩之情无以言表——不愧是院士，对事业如此专注……

作为儿子，谢刚的心里也有不少委屈和失落——自己从小仰慕的父亲，从来都没有亲密地拥抱过自己，却把工作中的导弹、火箭当作儿子，深情无限地向它们倾诉。自己才是他的亲儿子，却没有享受过这种脉脉温情……

酸甜苦辣，齐上心头！父亲几句简单的话，让儿子的内心波澜起伏，一时间，不知道该说什么好，不知不觉间，眼眶已经湿润了……

退休后的父亲还延续着清早读书的习惯，每天坚持不懈。一次，为了查找一个专业单词，父亲半夜起床，冻得直哆嗦，直到夜里三四点钟把问题解决了，才放下心来，弛然而卧……这种简单，简直就像一个孩子。但谢刚也明白，正是这种简单的专注，才能集中所有精力，全身心地投入到一项事业中，获得一定的成就。这种专注，是成功所必需的。

原来父亲是位慈祥的长者，平日里总是笑眯眯的，这和原先沉默思考的形象相差太远。一次，在梳理了一双儿女的经历之后，谢光选发现，自己的孩子

谢光选与儿子谢刚、女儿谢红合影

经历过工、农、兵、学、商等社会角色，职业的选择比较杂乱，不由得有些遗憾：“孩子的路没有走好，太乱了，应该有自己固定的专业……是我没指导好。”

在谢光选的眼里，这一双儿女都不是笨孩子，假如自己对他们多一些关注与了解，假如自己在关键时刻能指点得当，假如……

谢光选这种自责里，包含着对孩子们浓浓的关爱。虽然只是一种言语的表达，谢刚的心里还是暖暖的……

谢刚感觉到，随着年龄的增高，父亲对亲人的需要与日俱增。尤其是在母亲辞世之后，谢刚更感觉到父亲对自己的依赖。而这种依赖体现在两个层面：一个是生活上的需要，父亲需要有人精心安排他的饮食起居；一个是精神上的需要，父亲需要自己最亲的人待在身边，否则心里就不踏实……

于是，谢刚搬到父亲家中，亲自照顾年迈的父亲。在父亲的房间里，谢刚为父亲准备了一张病号床，床的旁边带有护栏，以保证父亲夜里休息的安全。

在床头，谢刚花了不少心思，设计了一连串的按钮，并列摆放：第一个是血氧仪，父亲每天可以测两次血氧，监测身体指标是否正常。第二个是手电筒，万一停电，打开手电就能找到东西。第三个是电子门铃，只要一按门铃，自己 20 秒钟内定会出

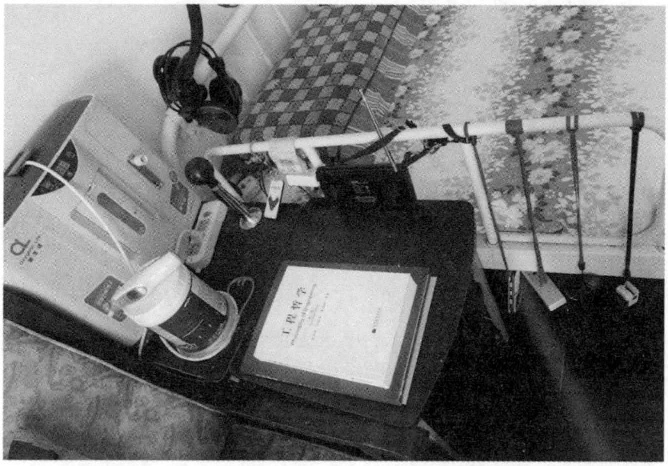

谢刚为父亲设计的床头

现。第四个是氧气机的遥控器，一打开遥控器，插上氧气管，就可以直接吸氧。第五个是红外线体温仪。第六个是手机，它的按键设置为数字，1是儿子，2是女儿，3是秘书，4是儿媳……

谢刚为父亲做出规定：每天要测三遍血压、一次血氧、一次体温，时刻监测身体的健康指标，保证出现问题后在第一时间解决。

为了照顾好年迈的父亲，谢刚学习了不少养生知识，订了养生报纸。为了父亲，谢刚推辞掉不少外出远游的机会，待在父亲身边。在心里，谢刚的想法也很简单：照顾好父亲，不留遗憾。

而谢刚的这种精心照顾，在关键时刻，还真有作用。

2012年2月的一个夜间，因为心脏衰弱，加上肺炎，谢光选出现呼吸困难。紧急时刻，谢刚立刻为父亲插上氧气管，第一时间让父亲吸上氧气……半小时后，赶来的医生为谢光选打了一针强心剂，并告诉谢刚，假如没有这个氧气机，后果很严重……

对于父亲的渐渐失聪，谢刚想了一个办法，让他保持听力。谢刚认为，耳聪目明，这是相互关联的。耳朵能听清楚，会在一定程度上帮助人保持头脑清醒，否则就容易陷入迷茫状态。

为此，谢刚把有线耳机改为无线耳机，以方便父亲看电视。为解决父亲接打电话的问题，谢刚为父亲设计了“助听器方案”——把助听器与耳机分离，放在电话旁边，开启电话的免提功能，而后电话里的声音通过助听器传出，一旁的父亲通过无线耳机就可以听到声音并说话了。对于父亲偷偷长时间看电视剧、上网的举动，谢刚态度鲜明，见到一次，制止一次——长时间坐着不动，有损身体健康。

盈缩之期，不独在天，养怡之福，可得永年。

尽管在75岁之后，父亲不断生病，但谢刚心里有信心：只要照看得当，父亲活到一百岁不是问题。

4. 耄耋之年哲与思

人生七十古来稀。年过70岁后，谢光选开始了一些关于人生与哲学的思考。尤其在年近90岁之后，对一些问题的思考更显得颇有深度。

而这些问题，关乎家庭与事业，关乎理念与善恶。对于这些，谢光选反复思考，终有收获。

谢光选（前排左三）与亲家吴佩珍（前排右三）全家合影

第一个萦绕在谢光选心头的是对于家训的思考。出身书香门第的谢光选一生恪守着祖父的教诲，孜孜不倦，勤学不辍，读书破万卷，名满天下闻。

宁存千卷书，不置万亩田。

爷爷定下的这句传世家训，一直以来，也是谢光选的做人原则。但是，在90岁高龄以后，谢光选开始了不一样的思考。一次，谢光选问自己的孩子："我们家的家训，宁存千卷书，不置万亩田，对，还是不对？"

谢光选似乎没注意对方的反应，只沉浸在自己的思考之中。足有半个小时，谢光选一直在思索——只会做事，不注重其他，这种做法，到底对不对，应不应该传下去？会不会吃亏？对孩子们有利还是不利？

谢光选想到，从父亲谢哲孙开始，谢家人一直注重掌握一技之长。父亲谢哲孙当初在银行上班，不善逢迎；自己也一直没有关注过人际交往问题，只是简单的直爽与朴实的温和。总结几代人的人生经验——是不是需要让孩子们多学学这些为人处世的技巧，让他们也学会左右逢源、长袖善舞呢？

经过认真的思考，谢光选决定：家训还是要传承下去！

谢光选告诉一双儿女，一定要学会做事，认真把事情做好；在做人方面，

谢光选与儿子谢刚、孙子谢言在一起

就听凭自己的良心吧，不适合仕途就不要强求，得失顺其自然；认真做事，并拥有出色的口才，这样才能说服别人，把事情做好："但是你们必须培养出自己的口才……做事是一个系统的过程，坚持一种意见，必须说服身边的人，这就需要你有口才……"

谢光选第二个系统思考是关于成功与失利的问题。谢光选知道，成功与失利，这二者始终与导弹、火箭事业相生相伴。以前，在从事导弹与火箭研究时，谢光选很看重成功，在某种程度上，成功成为谢光选的精神寄托与信仰。为获得成功，谢光选常年苦读；为获得成功，谢光选常年加班，甘心付出，勤勉不辍。因而，在发射的关键时刻，谢光选每次都感觉如泰山压顶，每次都不自觉地紧张，每次都牙齿脱落。而对于失利，人人唯恐避之不及，尤其在政治环境比较敏感的情况下，失利简直等同于犯错误，等同于出现政治问题。

但随着心态的变化，谢光选认为自己能更深刻、更客观地看待失利——无论是型号研制还是人生旅途，失利往往是无法回避的一部分。人生的失利是个人经历的丰富与经验的积累，导弹、火箭的发射失利却是国家财产的重大损失，应该重视细节，倾尽全力，避免出现失利。

而且，失利之后，科研人员的心理压力是巨大的。谢光选记得，"东风二号"首飞失利后，一分院副院长林爽站在导弹坠落后炸出的大坑前所说的话：“我想把自己埋在这里……”

这些话，回忆起来，谢光选感到格外心酸。当时，他的心情也是格外难受，甚至决定要在百年后把自己的骨灰埋在那里，但是，随着所经历的事情越来越多，谢光选认为，经历挫折有时候未必就是坏事。他深深地理解林爽副院长当时的心情，更能体会失利后科研人员的压力与痛苦。当失利出现时，怎么做才是最合适的呢？谢光选想起了钱学森，想起了钱学森温和的笑容与他转达上级的话语：“既然是试验，就有失败的可能。要总结经验教训，吃一堑，长一智，以利再战。”

没有过多的责备，此时的钱学森，展现的是大将风度。而这种温和的鼓励，反而让科研人员更加感动，更加发自内心地努力工作。在科学研究的大道上，不可能一帆风顺，在力所能及地避免出现失利的被动局面的同时，不惧怕失利，化祸为福，把压力变为动力，就会有所作为。

对于失利，需要严肃对待，但，严肃的是工作态度，严谨的是工作作风。对普通的科研人员，不见得非要暴风骤雨地去“洗礼”一番或采取什么惩罚措施——找到差距、及时修正、快速提升，这才是关键。对于导弹、火箭研制最前线的科技人员，失利后的鼓励与引导，效果是最好的，能够更好地激励士气。

严格要求，追求完美，严格管理，以人为本，方为上策。

谢光选思考的第三个问题，是对于导弹、火箭事业的哲学思考。

幼年时期，在各地辗转求学的过程中，谢光选亲眼目睹了列强的欺侮，在他心里早就种下了保护家园的种子。后来，随着阅历的增加，谢光选懂得了用强大的国防保家卫国的重要。对于航天事业，谢光选倾尽心血，情有独钟。在他看来，航天事业是现代科技文明的集大成者，而战略武器更是现代科技的集成应用与体现。

谢光选知道，当今世界中，没有哪一种武器是制造出来后没有用过的，而自己这一生，都是在从事武器的生产与制造，而其最终的用途只有一个：战场。其最终的效果也只有一个：摧毁建筑，取人性命。

想到这里，谢光选不禁有点忐忑不安：战略武器会给人类带来什么？

这种念头出现之后，在相当长的一段时间内，谢光选有一种坐卧不安的感觉。后来，在与一位佛学大师对话之后，这个哲学难题才得以解决。

这位佛学大师并没有长篇大论，相反，只简简单单地说了一席话，主题就是：世间万物无属性，用其善而善，用其恶而恶。

短短一席话，谢光选听懂了。

仔细琢磨后，谢光选豁然开朗。是啊，世间万物，人是最有灵性的，而武器就像其他国防利器一样，只是工具，只是万物之灵的人用来实现自己某种夙愿的方式或途径而已。假若用武器犯错，那么，有错的是人，没有什么法律可以审判这种没有灵性的工具——哪怕是威力巨大的战略武器，就其本质，也不过是一种工具或利器而已。只要善用，只要用于正途，战略武器完全可以避免给人类带来伤害，可以保家卫国，可以提升国家的战略地位，可以让本国同胞扬眉吐气，让身在异国的游子骄傲与自豪……

正如一首佛家诗歌所云：

菩提本非树，明镜亦非台，世间无一物，何处染尘埃。

只要运用得当，只要合乎天理人情，任何工具都可以运用。

当然，谢光选也明白，在经济如此发达的现代，战略武器使用的概率极小，毕竟，热爱和平，是全世界人民的心愿……

虽已在家安享晚年，但中国运载火箭技术研究院的最新发展动向时刻牵动着谢光选的心。从新闻里，从网络上，从研究院时常来人探望带来的消息中，谢光选知道，他挚爱的火箭事业而今开始迈向新的征程。长征系列运载火箭技术逐渐成熟完善，目前已有十余种型号，具备了发射低、中、高不同地球轨道、不同类型卫星及载人飞船的能力，并具有向月球及太阳系深空发射航天器的能力。近地轨道运载能力达 12 吨，太阳同步轨道运载能力达 6 吨，地球同步转移轨道运载能力达 5.5 吨，入轨精度处于国际先进水平，能够满足不同用户的多种需求。2006 年 10 月，长征五号系列运载火箭提上研制日程，将按照“通用化、系列化、组合化”的思想开展研制，将成为运载能力更大、适应性更强、成本更低，无毒、无污染、能满足未来中国航天技术发展需求的主力运载火箭。

不仅如此，截至 2014 年 12 月 7 日，长征系列运载火箭共进行了 200 次发射，将 250 多颗国内外卫星和各种航天器送入了预定轨道……

看到这些数字，谢光选有理由相信，他的后来者们会比他们做得更好：

“航天一院可以说是航天事业的发祥地，这里有博大精深的航天文化，有厚重的航天精神，有很多很多故事值得告诉后人。后来者居上。信任我的后来者们，他们是能超越我们这些人的。一定能！”

谢光选坚信，在后来人的努力下，航天事业注定会走向更加灿烂辉煌的明天！

谢光选大事年表

1922 年

11 月 5 日，出生于江西省南昌市。

1928 年　6 岁

秋，入南昌市经堂小学学习。

1934 年　12 岁

随母亲去济南，在济南市五三小学和育英中学上学。

1937 年　15 岁

回到南昌，借读于南昌二中，后转入宜春中学。

1938 年　16 岁

就读于重庆明诚中学。

1939 年　17 岁

考入中央职业学校，后转入重庆青木关中学。

1942 年　20 岁

秋，考入重庆兵工学校大学部兵器制造系。

1946 年　24 岁

11 月，从重庆兵工学校大学部兵器制造系毕业。

1947 年　25 岁

1 月，分配到沈阳九零兵工厂文官屯分厂。

1948 年　26 岁

8 月 15 日，与吉谦珍女士结为伉俪。

11 月，九零兵工厂被解放军军事接管，后被命名为国营 724 厂。谢光选任工程师室主管技术员。

1951 年　29 岁

从事 241 式反坦克火箭破甲弹及发射筒设计、生产工作。

1953 年　32 岁

任 724 厂工程师、设计科主任工程师，从事 122 榴弹制式化和批生产工作。

9 月，被评为沈阳市劳动模范。

1957 年　35 岁

3 月，调国防部第五研究院，分配在总设计师室。

1958 年　36 岁

1 月，参加炮兵教导大队学习，任副科长。

4 月，任国防部五院一分院第一总体设计部综合实验室主任，参加仿制 P－2 导弹（代号“1059”）工作。

1959 年　37 岁

3 月，任“1059”导弹地面设备订货总负责人。

1960 年　38 岁

3 月，任东风二号导弹总体主任设计师。

7 月 18 日，任第一总体设计部副主任。

9 月，参加加注我国自行生产的酒精和液氧的苏制 P－2 导弹的发射。

10 月，赴酒泉导弹发射基地参加“1059”导弹的发射工作。

1962 年　40 岁

3 月，参加自行设计的东风二号导弹首发试验。

3 月 21 日，东风二号导弹发射失利。随后，参加故障分析、问题故障和修改设计工作。

1964 年　42 岁

6 月 29 日，参加修改设计后的东风二号导弹飞行试验，取得圆满成功。

1965 年　43 岁

10 月，任七机部一院总体设计部主任。

1966 年　44 岁

3 月，任“两弹”结合技术协调组组长。

10 月 27 日，参加“两弹”结合发射试验，取得圆满成功。

1970 年　48 岁

4 月 24 日，参加长征一号运载火箭发射东方红一号卫星试验，取得圆满成功。

1972 年　50 岁

任一院生产组副组长。

1974 年　52 岁

11 月，担任长征二号运载火箭第二次发射技术负责人。

1975 年　53 岁

11 月 26 日，参加长征二号运载火箭发射第一颗返回式卫星试验，取得圆满成功。

1977 年　55 岁

12 月，任七机部一院副院长。

1978 年　56 岁

1 月 31 日，任长征三号运载火箭总设计师。

1979 年　57 岁

8 月 15 日，任一院科学技术委员会副主任。

1980 年　58 岁

5 月 3 日，被聘为北京工业学院兼职教授。

11月10日，任七机部总工程师。

1984年　62岁

1月29日，长征三号运载火箭首次发射失利。

4月8日，长征三号运载火箭成功发射东方红二号通信试验卫星。

1985年　63岁

5月，被中国科学院聘为国防军工科学研究委员会成员。

1987年　65岁

3月30日，被聘为国防科学技术大学航天技术系兼职教授。

1988年　66岁

当选国际宇航科学院院士。

1990年　68岁

4月7日，长征三号运载火箭成功发射亚洲一号卫星。

1991年　69岁

9月16日，任航空航天工业部科学技术委员会顾问。

12月，当选为中国科学院学部委员（后更名为中国科学院院士）。

1992年　70岁

5月4日，被聘为炮兵工程学院兼职教授。

1993年　71岁

5月18日，被聘为南京理工大学名誉教授。

1995年　73岁

10月，获何梁何利基金科学与技术进步奖。

1999年　77岁

10月8日，被聘为北京航空航天大学兼职教授。

2002 年　80 岁

被聘为沈阳理工大学名誉校长。

2003 年　81 岁

2 月，被聘为中国载人航天工程首次飞行任务荣誉顾问。

谢光选主要论著目录

[1] 谢光选，宓世湘．我国导弹发展概况 // 七机部第一期领导干部管理学习班讲义，1979.

[2] 谢光选．长征三号运载火箭质量与可靠性管理．质量与可靠性管理，1984（4）

[3] 谢光选．发展我国空间运载系统的探讨 // 中国宇航学会航天运载专业委员会第一次学术交流论文集，1985.

[4] 谢光选．运载火箭部分导言 //“331 工程”技术总结．航天科技会议文献编辑部，1985.

[5] 谢光选．纵向耦合振动（POGO）专题序言 //“331 工程”．航天科技会议文献编辑部，1985（3）.

[6] XIE GUANGXUAN. Long March 3 an operational capability from China Space Tech-86 Proceeding of conference held in Geneva, 1986.

[7] 谢光选．运载火箭的特点 // 一院建院 30 周年（1957—1987）科技报告文集．

[8] 谢光选．跨学科的技术协调．导弹与航天运载技术，1994（1）.

[9] 谢光选．周恩来总理与我国运载火箭．光明日报，1998-4-14.

[10] 谢光选．张钧同志和“八年四弹”// 战场 · 边疆 · 长天：张钧纪念文集．北京：宇航出版社，2000.

[11] 谢光选．忆聂帅二三事 // 聂荣臻元帅纪念文集．北京：解放军出版社，2000.

[12] 谢光选．学科交叉综合开拓应用——液体发动机在轨道上多次启动的压

力尖峰//中国科技发展精典文库（上），2001.

[13] 谢光选．向钱学森同志学习//钱学森科学贡献暨学术思想研讨会论文集．北京：中国科学技术出版社，2001.

[14] 谢光选．学无止境，勤奋务实//院士成才启示录（上）．广州：广东科技出版社，2003.

[15] 谢光选．与时俱进，再造辉煌，神箭之魂//中国运载火箭技术研究院总体设计部文化文集，2003.

[16] 谢光选．型号与课题．中国运载火箭技术研究院科学技术委员会，2005.

[17] 谢光选．我国运载火箭技术的发展．内部，2006.

[18] 谢光选．纪念航天事业五十周年//对院科学和技术发展的意见：内部，2006.

[19] 谢光选．长征一号研制历程//中国航天50年回顾，北京：北京航空航天大学出版社，2007.

参考文献

[1]《当代中国的航天事业》编辑委员会．当代中国的航天事业．北京：中国社会科学出版社，1986.

[2]《当代中国的国防科技事业》编辑委员会．当代中国的国防科技事业：上册．北京：当代中国出版社，1992.

[3]《当代中国的国防科技事业》编辑委员会．当代中国的国防科技事业：下册．北京：当代中国出版社，1992.

[4] 卜雨亭．潜心铸剑五十载：谢光选院士的人生轨迹．北京：金城出版社，2008.

[5] 中国运载火箭技术研究院．钱学森与航天一院．北京：中国宇航出版社，2012.

[6] 陶纯，陈怀国．国家命运：中国两弹一星的秘密历程．上海：上海文艺出版社，2011.

[7] 刘纪原．中国航天事业发展的哲学思想．北京：北京大学出版社，2013.

[8] 谭邦治．任新民院士传记．北京：中国宇航出版社，2014.

[9] 卜雨亭．体液推进剂和气体．导弹与运载火箭技术，2009(4).

[10] 卜雨亭．怀念钱学森．中国航天．2011(12).

后 记

本书以谢光选院士出生、成长历程和在兵工企业尤其是航天领域工作的主要经历为主线，展现了谢光选院士献身航天、刻苦钻研的精神，对航天事业的重要贡献，以及热爱祖国、无私奉献的高尚品质。

本书编写历时一年，通过记录谢光选院士的个人经历，展现了老一辈航天人艰苦奋斗的历程，从一个侧面反映了中国航天事业的发展历程。

全书共十五章，由史颜莉撰写、修改，贾淇、路翔云负责收集资料、整理图片。编写过程中注重实事求是，不虚构、不夸张。

本书编写工作得到了谢光选院士和其儿子谢刚的大力支持，为本书提供谢光选院士著作、文字及口述资料、照片等。本书还得到了王永志、卜雨亭、岳增云、陆寿茂、陆友人、王之任、余梦伦、徐盛华、谭宗愚、潘昭汉、魏其勇、谷立祥、陈浩、黄玉平、李险峰等航天专家的大力支持。他们的鼎力帮助保证了本书编写的顺利完成。

在即将迎来中国航天事业创建60周年、中国运载火箭技术研究院成立59周年之际，谨以此书献给广大读者，愿中国航天事业再创新的辉煌！

因时间仓促，不足之处，敬请读者批评指正。

《谢光选院士传记》编审委员会

2014年12月